刘国光

经济论著全集

（进入社会主义市场经济初期的思考 1992—1993 年） 第 **10** 卷

知识产权出版社

全国百佳图书出版单位

目　录

劉國光

社会主义市场经济理论的几个问题

——中央机关系列讲座讲演稿

（1992年9月19日）

　　建立社会主义市场经济体制，是党的十四大提出的一个具有突破性意义的观点，它具有十分重要的理论意义和实践意义。我们必须认真学习，反复领会，并在我国社会主义经济改革的发展过程中加以贯彻。

　　下面我想讲两个问题：一是介绍一下若干年来讨论社会主义市场经济有关理论问题的情况，也就是介绍对计划与市场问题（包括对计划经济、商品经济、市场经济等概念）认识的曲折演变过程；二是谈谈我本人在学习小平同志南方谈话过程中对社会主义市场经济理论若干焦点问题的理解。

一、对计划与市场认识的曲折演变过程

　　我国的经济体制改革已经进行了14年。我们的改革要采取什么样的目标模式，多年来经济理论界一直在讨论。这个问题的核心，是正确认识和处理计划与市场的关系，并涉及对计划经济、

＊　本文最早系作者1992年9月19日为中共中央组织部、中共中央宣传部、中国科学技术协会、中共中央直属机关工委和中共中央国家机关工委共同主办的《90年代改革开放与经济发展》系列讲座作的开篇讲稿，原载《经济研究》1992年第10期。后收入《权威人士谈从计划经济转向市场经济》（中共中央党校出版社1993年版）一书时略作修改。

商品经济、市场经济的理解。我们对这些问题的认识有一个逐步深化的过程，经过了长期的曲折的探索。

关于商品经济、市场经济这些概念，据查阅，马克思、恩格斯都没有讲过，他们只讲过商品生产、商品交换、货币经济；也没讲过计划经济，只讲过在未来社会中"劳动时间的社会的有计划的分配，调节着各种劳动职能同各种需要的适当的比例"。首次使用"商品经济""市场经济"和"计划经济"概念的是列宁。列宁在革命胜利初期，多次提出消灭商品经济，资本主义不可避免地要被社会主义取代，这种新社会实行计划经济。但列宁也讲过，无所不包的计划等于空想，这种计划列宁是反对的。在实行新经济政策时期，不但允许发展自由贸易，而且国有企业在相当程度上实行商业原则（市场原则），给企业在市场上从事自由贸易的自由。到了20世纪20年代末30年代初，斯大林停止了新经济政策，实行了排斥商品经济的计划经济，长期地把商品经济同计划经济对立起来。虽然斯大林也讲过商品生产、价值规律，但他把它们的作用限制在狭小的领域，其主导思想还是认为计划经济同商品经济不相容，同市场经济更是对立的。

过去，社会主义国家在实行计划经济时期，不是没有市场，但市场只处于补充状态，存在于缝隙当中。我国在改革前也是这样，比如大计划、小自由，容许集市贸易，三类物资上市，等等。但总的看是限制市场，不承认商品经济和市场经济。十一届三中全会以后开始松动，承认计划和市场可以结合。十一届六中全会关于对新中国成立以来历史经验总结的决议中，确认社会主义社会存在着商品生产和商品交换，因而要考虑价值规律，但没有提"商品经济"，那时还是认为，商品经济作为整体来说只能存在于以私有制为基础的资本主义社会。十二大时，提出了"计划经济为主，市场调节为辅"，前进到了这一步，"商品经济"的概念依然难以提出来。但在这以前，理论界对社会主义商品经济已有讨论，甚至有人提出"社会主义市场经济"的概念。至于小平同志1979年11月26日接见美国《不列颠百科全书》副总编时的谈话，当时大家并不知道。所以在那一段时期，商品经济、市场经济的概念一直是一个禁区。直到1984年十二届三中全会，才在我们党的正式文件《关于经济体制改革的决定》（下文简称《决定》）中，第一次提出"社会主义经济是在公有制基础上的有计划的商品经济"。这是社会主义经济理论的一个重大突破。小平同志在通过该《决定》的会议上说，十二届三中全会的决定是马克思主义新的政治经济学，评价极高。的确，这一突破来之不易，考虑到马克思、恩格斯等经典作家过去曾设想未来社会主义社会不再有商品经济，以及几十年社会主义的实践当中长期排斥市场调节这样一个历史背景，十二届三中全会关于社会主义有计划商品经济新论断，可以说是有划时代意义的，它对推进以后我国以市场为取向的改革并获得相当进展，无疑起了巨大的推动作用。

　　但是，在十二届三中全会的新论断提出来以后，人们对于究竟什么是有计划的商品经济，包括经济理论界的理解还很不一致。对于"有计划的商品经济"这一命题，有的同志强调"有计划"这一面，有的同志强调"商品经济"这一面。当然大家对两个方面都承认，但强调的重点不同。有位教授在一篇文章中说："改革的基本思路首先是商品经济，然后才是有计划发展。"他把重点放在商品经济方面。与此同时，另有一位教授写文章说："计划经济或计划调节应始终在社会主义经济中占主导地位。"他把重点放在计划经济方面。强调重点不同，对社会主义经济本质的理解就会有差异，把握改革的方向就会有出入。历来讲社会主义的经济特征，综合起来主要是两大特征："公有制"和"按劳分配"。此外，有没有第三个特征？如果有，那么这第三个特征到底是"计划经济"还是"商品经济"，理论界的争论一直在进行，两种意见都有。一种是强调计划经济为主的，认为计划经济是社会主义经济的一项本质特征；另一种是强调商品经济为主的，则认为商品经济是社会主义的一个本质特征。当然，还有第三种意见，有不少同志想把两碗水端平，计划与市场相结合，半斤八两，平起平坐，结合的范围、方式和程度可因产品、部门、所有制和地区不同而异。不同场合可以这个多一点那个少一点，或者相反。十三大提出"有计划商品经济的体制是计划与市场内在统一的体制"，虽然没有讲哪个为主，哪个为辅，但同时提出"国家调控市场，市场引导企业"的间接调控的方式，实际上重点放在市场方面。这是1989年政治风波以前的情况。在计划经济与商品经济、计划与市场的关系上，理论界的风尚是逐渐向商品经济、向市场方面倾斜。但是在这以后，特别是提出"计划经济与市场调节相结合"的方针后，由于当时治理整顿和稳定局势的需要，有必要多一点集中，多一点计划，这时理论讨论的风尚又向计划经济方面倾斜。当时有篇文章说，社会主义经济就其本质来说，是计划经济，只不过在现阶段还要有某些商品属性罢了。这种说法是近两三年比较典型的一种认识。但同时另外一种意见仍然存在，即仍然坚持商品经济是社会主义经济的本质特征。例如有一篇文章说，社会主义商品经济同公有制、按劳分配一样，都是社会主义实质所在。对于近几年正式文件中的计划经济与市场调节相结合的提法，理论界也有一些内部议论。有的同志说，计划经济指的是经济制度或体制，市场调节则是一种机制或手段，两者不是属于一个层次的问题，不好说结合一起。但公开发表的文章中，大家都使用这一提法，有些经济学家论证这一提法的科学性时说：这个提法同以前的"计划经济为主，市场调节为辅"的提法衔接起来了，这表明我们的改革不是削弱和放弃计划经济，而是要在坚持计划经济制度的前提下，实行一定的市场调节。但是不赞成这一提法的同志，认为这一解释实际上退回到十三大以前去了。但这是私下的议论。总之，在近两三年里，理论界关于计划与市场关系的争论一直不停。这几年集中讨论的有两个问题：第一个是关于市场取向问题，即中国经济体制改革的取向是否要以市场为取向的问题；第二个是关于社会主义市场经济，即我们社会主义经济体制改革能不能以社会主义市场经济为目标模式。显而易见，这两个问题是紧密联系在一起的。

首先，介绍一下关于改革取向的问题。

有位经济学者把改革取向归纳为三种思路：一是市场取向论；二是计划取向论；三是计划和市场结合论。这种概括好像很简洁、明快，但不很确切，不完全符合经济理论界在这个问题上争论的实际分析。因为十二届三中全会提出有计划商品经济的论断以后，理论界多数同志逐渐形成了共识，就是认为计划与市场可以结合，而且应该结合。不论强调计划经济的一方，还是强调商品经济和强调市场的一方，都是这个共同看法。而按这种三分法，似乎前两种思路不赞成结合，只有第三种意见讲结合，这当然不符合实际。实际上，强调市场取向的也不排斥计划；强调计划为主的也不排斥市场。对于"市场取向改革"的主张，有一批同志，包括中国社会科学院的一些学者，不但说过，也见诸文字，可以说有案可查。但"计划取向"改革的提法，却没有看到过。强调计划经济是社会主义经济本质特征是有的，强调计划为主也是有的，但没见到过"计划取向"的说法。因为我们原来的体制就是计划经济体制，改革的对象就是要对传统的计划经济进行改造，要改革就不能是计划取向，如仍以计划为取向，那就等于不要改革了，因此没有"计划取向"这一说法，所以说，这种区分是不确切的。但提出这种三分法的同志，对于改革取向的含义有他自己的理解。似乎改革取向就是在改革目标模式中计划与市场的重点的选择，重点是计划就是计划取向论，重点是市场就是市场取向论，"平起平坐"就是二者结合论。我个人认为，改革取向不是这个意思，不是指改革目标模式中计划与市场的重点选择，而是指改革的模式转换方向，从改革的起点模式向目标模式转换的方向。

我国经济改革的模式转换，就是从过去自然经济体制这一起点和产品经济为基础的、排斥市场的、过分集中的计划经济老模式，向着引进和扩大市场机制作用范围并按市场规律的要求来改造传统计划经济体制，由此来实现计划与市场结合的向着有计划商品经济（或者社会主义市场经济）的目标模式过渡。从排斥、限制市场机制的作用到发挥、强化市场机制，并按照市场规则要求来改革传统体制，这样一种改革，我认为不是不可以叫市场取向改革。改革成果首先就表现在我国的经济体制和经济运行在市场取向上的进步。

我们知道，改革前，我国所有制结构是单一化的，是越大、越公、越纯、越统就越好。那时的经济运行机制主要是实行指令性计划，直接的行政命令管理。这种机制在一定时期里是必要的，比如第一个五年计划时期，采用这种机制是成功的。但这种机制在本性上排斥市场和市场机制的作用，当经济发展到一定阶段，这种机制就成为进一步发展生产力的障碍，要进一步解放和发展生产力，就必须改革。改革以后，我国的所有制结构出现了以公有制为主体的多元化的所有制结构，公有制内部企业的自主权开始有了某些扩大，这就为企业按市场规则活动提供了一定的条件；同时我们的市场体系、市场机制也在发育成长；政府在宏观经济上对企业的管理也开始从直接管理逐渐改变为间接管理为主。所谓间接管理，说到底无非是通过市场、利用市场机制、利用价格杠杆进行管理，这也就是"国家调节市场，市场引导企业"这一公式的基本含义。

我们的经济改革所带来的这样一些变化：所有制变革的多元化，经济主体的市场化，市场本身的培育，政府对经济管理也要通过市场，等等，处处表现为市场取向改革的不断扩大、不断深化的过程。当然，这种市场取向不是以私有制为基础的，而是以公有制为基础的，不是取向到无政府主义的、盲目性的市场中去，而是取向到有宏观管理的和计划调控的市场体系中去。过去14年，我们国家经济发展取得的巨大进展和成就，究竟是加强行政指令性计划的结果，还是扩大市场机制作用，并按照发展市场机制的要求去改造传统计划经济机制的结果呢？答案显然是后者。为什么我国东南沿海地区这十多年发展得比全国快，而同为沿海，广东又发展得比上海快呢？市场取向的改革比较深入，这是一个很重要的原因。

过去不赞成或者反对提市场取向改革的同志也不少，他们不赞成的理由主要有两条：一是认为搞市场取向就是搞市场经济，而市场经济过去认为是资本主义的；二是认为我国经济中出现的一些消极现象，如1988年的通货膨胀、市场秩序紊乱、社会分配不公等问题都是因为强调市场作用而造成的。第一条理由，在小平同志1992年年初南方谈话后，不存在了。第二条理由，也有同志认为，这些消极现象是改革初期和发展商品经济初期难免的，这不是由于市场发展得太多了，而是市场还发展得不够，还没有真正地培育成长起来，而政府对经济的宏观调控又没有及时跟上来的结果。这是过渡时期的现象，不是由于改革过头，而是由于改革不够才出现的现象。要解决经济生活过程中的一些消极现象和问题，就要继续进行有宏观控制和有计划指导的市场取向的改革，把它进行到底。

其次，介绍一下关于社会主义市场经济问题的讨论情况。

这个问题的讨论时间延续得更长，从改革开始以来一直在讨论。最近，在小平同志谈话以后，总书记在党校的讲话以后，这方面的文章多起来了，但都是正面的东西，看不见不同的意见，而过去长期是不同意见在争论。改革之初，1979年4月在无锡开了一个会——"社会主义经济中价值规律"讨论会。在这个会上就有人提出社会主义市场经济的概念。有赞成的，也有不赞成的。那个时候也曾经出现过市场经济与计划经济相结合的提法。到了十二届三中全会中央指出来我国经济是有计划的商品经济以后，在学习十二届三中全会关于体制改革的决定时，广东有一位老经济学家说，理论上要彻底一些，其实社会主义商品经济也可以叫作社会主义的市场经济。还有同志说，商品经济与市场经济这两个概念没有必要区分，要区分的是社会主义的市场经济和资本主义的市场经济。但与此同时，反对的意见也出来了。有一位教授这样讲，市场经济这个概念在西方的文献当中有确定的含义，按西方经济文献的解释，典型的市场经济是资本主义经济。这种争论延续了相当长时期，到了1988年，国务院批准广东作为综合改革试验区，广东省的经济学界为了在理论上作超前探索，举行了"社会主义初级阶段的市场经济问题"讨论会，明确提出了社会主义初级阶段的市场经济问题。会上取得了一个共识，认为世界上有以私有制为基础的资本主义市场经济，也应该有一个以公有制为基础的社会主义市场经济；曾经有过没有计划调控的自由市场经济，也应该有宏观调控的计划市场经济。我们应该研究和实践社会主义的市场经济。1988年下半年还召开过两次重要的全国性学术讨论会，一次是10月底开的全国经济体制改革理论研讨会，一次是12月开的纪念党的十一届三中全会十周年理论讨论会。这两个会上都有人提出要把商品经济的概念进一步发展到市场经济的概念，并且提出我们迫切需要确立社会主义市场经济的理论。这些是1989年政治风波以前的事情了。这同前面讲的那时理论界在计划与市场问题上的大致趋向是一致的。当时在理论界两种意见都有，但是越来越多的同志倾向于强调商品经济是社会主义有计划的商品经济的两面中的更重要的一面，而且使用市场经济概念的同志也渐渐多了起来。

1989年春夏之后，在经济学领域正确开展对于以主张私有化为核心的、资产阶级自由化思潮的批判的同时，有一些内部资料上也出现了对于社会主义市场经济观点的批判。但是，公开的讨论中还是有不同观点的争论。一种观点认为市场经济的概念我们不能接受。当时有一位同志在一篇文章中讲，一些西方国家把市场经济同私有制、同资本主义联系在一起，所以社会主义国家的许多政治家、科学家不随便把发展社会主义的商品经济说成是搞市场经济。可以讲发展商品经济，但不能搞市场经济。这种意见把市场经济与资本主义制度联系起来，认为社会主义搞市场经济就是搞资本主义。当然还有的同志不赞成这种观点，他们认为不能把市场经济的问题同社会制度联系起来，市场经济不过是现代商品经济或现代货币经济的"同义语"。有的经济学家讲，我国经济体制改革的实质是，以市场经济为基础的资源配置方式来取代以行政命令为基础的资源配置方式。从这个意义上说，社会主义的商品经济也可以叫作社会主义的市场经济。两种不同的观点还是继续存在的。

我们再看看经济学界老前辈薛暮桥同志是如何看这个问题的。薛老在1991年1月11日对深圳《特区时报》的记者讲："要深入研究计划经济与市场经济的关系，过去认为前者是社会主义，后者是资本主义，这种理解是极不利于深化改革的。市场经济与市场调节是不是不能混淆的两种本质，我看尚待讨论。我认为本质相同，都不能等同于资本主义。只要保持生产资料公有制为主体，就不能说它是资本主义的市场经济。所以还是要以公有制来划分，不是以市场经济来划分。"薛老当时还说："这个问题现在还不成熟，有些还可能看作是理论的禁区，科学研究不应当有禁区，应当允许自由讨论，认真讨论这个问题而不是回避这个问题。"不同意见的讨论甚至交锋对于深化我们的认识是必需的，有好处，也是正常的。对于社会主义市场经济的两种意

关于社会主义有计划商品经济问题

见，一直讨论到1992年年初，小平同志到南方巡视，发表了精辟见解。小平同志说，市场经济不等于资本主义，社会主义也有市场；计划经济不等于社会主义，资本主义也有计划。小平同志谈话后，那种把计划同市场，把计划经济同市场经济看成是制度性的观点开始消失了。但是在观念上要彻底解决这个问题还需要一个过程。这不只是在市场经济这个观念上，就是过去在商品经济这个观念上也是不容易转过来的。在改革初期，承认了社会主义要发展商品生产，要发展商品交换，但是就是不能够接受商品经济这个概念，认为商品经济是私有制的，从总体上说商品经济只能是资本主义的。从十一届三中全会一直到十二届三中全会花了几年工夫才把这个观念转变过来。一个理论概念的转变是很不容易的。当年孙冶方提出社会主义利润的概念也碰到类似的困难。

我们在20世纪80年代提出了有计划的商品经济理论，对我国经济改革和发展的实践起了推进的作用。90年代由于我们改革的深入，特别是市场取向改革的深入，我们需要新的理论，这就是社会主义市场经济的理论，这个理论的出现必将推动我们改革和发展的进一步深化。

二、若干焦点问题

下面我想就有关社会主义市场经济理论问题的讨论中，人们关心的若干焦点问题，谈点个人的理解。

1. 社会主义商品经济的提法为什么要改成社会主义市场经济的提法？

有的同志在讨论中提问，我们已经有了社会主义商品经济的概念，为什么现在又要换成"市场经济"？"市场经济"与"商品经济"究竟有什么不同？有些经济学者写文章说：社会主义商品经济就是社会主义市场经济。既然"就是"，那不过二字之别，用括号注明一下就行了，何必这么郑重其事地改过来呢？

我认为，这不单纯是两个字的改变，它有深刻的含义。首先要把商品经济和市场经济这两个概念的含义弄清楚。这两个概念既有联系，又有区别。简单地说，商品经济是相对自然经济、产品经济而言的，讲的是人类社会经济活动中交换行为是否具有商品性，或者具有等价补偿的关系。通俗一点讲，就是我给你一个东西，你就得给我一个价值相等的东西，无论是相等的商品也好，相等的货币也好。而自然经济就没有这种等价补偿，商品交换的关系。产品经济是现代的概念，就是曾经设想过，社会主义或者共产主义社会是个大工厂，没有货币，不要交换。不同的生产单位，不同的企业就像不同的车间，东西生产出来以后，产品由社会来分配、调拨，各生产单位或社会成员凭本子按指标或定额去领取，没有等价补偿的关系。所以商品经济是相对于自然经济和产品经济而言的。

与市场经济相对应的是计划经济，这是作为资源配置方式来说的。这里我们讲一讲资源配置。资源配置这个概念在我国过去是很少用的，现在用得越来越多了，因为这是经济生活中最中心的问题。这里讲的资源，不是指未开发的自然资源，而是人们可以掌握支配利用的人力、物力、财力和土地等经济资源。社会经济资源任何时候都是有限的，而社会对资源的需求却是众多的、无限的。所谓资源配置就是社会如何把有限的资源配置到社会需要的众多领域、部门、产品和劳务的生产上去，而且配置得最为有效或较为有效，产生最佳的效益，以最大限度地满足社会的需求。在现代的社会化生产当中，资源配置一般有两种方式：一种是市场方式，另一种是计划方式。计划方式是按照行政指令、指标的分配、调拨，由政府来配置。市场配置是按照市场的供求变动引起价格的变动，哪种产品价格高，生产该产品有利可图，资源就往哪边流。等到产品多了，供给大于需求，这种产品的价格就会掉下去，这时资源就会流到别的地方去，这就叫市场调节。如果说你这个资源配置方式是以计划为主，那么叫计划经济；如果以市场作为资源配置的主要方式，那么就叫市场经济。从资源配置方式来说，市场经济和计划经济是相对应的概念。

从以上的区分中，我们可以认识到，从逻辑的角度看，商品经济属于比较抽象、本质的内容层次，而市场经济则是更为具体、现象的形式层次。可以说市场经济是商品经济的一种高度发展了的现象形态。从历史发展的角度来考察也是这样。商品经济由来已久，在原始社会末期就有了萌芽，它存在于多种社会形态之中，演变到现代社会高度发达的程度。但不是在商品经济发展的任何阶段上都有市场经济。有商品交换当然要有市场，但那不等于市场经济。在古代及中世纪地中海沿岸有相当发达的商业城市，中国古代秦汉时期就有长安、洛阳、临淄等著名的商业城市，很早就有连接欧亚的丝绸之路，它们都离不开市场，但不能说已经形成了市场经济。国外古代城堡周围的地方小市场，我国一些边远落后地区至今仍有赶集、赶场，诚然那些定期启合的墟、集、场也是市场，但都不能叫作市场经济，不过是方圆几十里住民调剂余缺的场所罢了。形成市场经济要有一定的条件，那就是商品和生产要素要能够在全社会范围内自由流动，配置到效益最优的用项组合上去，这就要求废除国内的封建割据和形形色色阻拦资源自由流动的人为的障碍。商品经济发展到一定高度就需要一个统一的国内市场，并要逐步伸向世界市场。近代民族国家的形成和几乎同时发生的地理大发现，就是这种统一市场逐渐形成的历史背景，也是市场经济形成的历史背景，所以说，市场经济是商品经济高度发展的产物，这是从资源配置这一经济学基本观点提出来的。资源配置在经济生活中有极其重要的意义，我们是通过改革才逐渐认识到这一点的，1984年提出有计划商品经济概念时对这点了解得还有限。我们现在提出用市场经济概念代替有计划商品经济概念，就是强调要进一步发展商品经济，在资源配置的问题上，就必须明确用市场配置为主的方式来取代行政计划配置为主的方式，这也正是我国当前经济改革的实质所在，而这一实质是"有计划的商品经济"概念所不能涵盖和表达的。

再从认识发展过程来看，十二届三中全会提出有计划商品经济新概念，无疑是社会主义经济理论的一次重大突破，它具有推进历史的重大意义，但也不可避免地有一定的历史局限性。这即如上所分析，它未能彻底解决计划与市场究竟何者为资源配置的基础性方式或主要手段的问题，以致人们在计划与市场关系的认识上不断发生摆动和分歧。人们仍然不能摆脱把计划经济与市场经济看作是区别两种社会制度范畴标志的思想束缚，这又阻碍了人们去深刻认识市场机制在优化资源配置和促进社会生产力发展中的不可替代的作用。1992年年初小平同志南方谈话指出，计划经济不等于社会主义，资本主义也有计划，市场经济不等于资本主义，社会主义也有市场，计划和市场都是经济手段，计划多一点还是市场多一点不是社会主义与资本主义的基本区别。这一科学论断从根本上破除了把计划经济和市场经济看作是社会基本制度范畴的传统观念，诊治了我们在市场和市场经济问题上常犯的"恐资病"，启发了人们从资源配置这一基本经济学观点出发去重新思考把社会主义市场经济体制作为经济改革目标模式的问题。这无疑是社会主义经济理论继20世纪80年代初提出社会主义商品经济概念后，在90年代初发生的又一次重大突破。这一突破对今后我国改革开放的实践将产生重大影响。

2. 既然计划和市场都是经济手段，为什么我们现在又把社会主义计划经济的概念变成或者发展成社会主义市场经济的概念？

上面讲了为什么要从"社会主义商品经济"过渡到"社会主义市场经济"，是为了说明我国经济改革的实质是在资源配置方式上用市场配置为主取代计划配置为主。但是这里有一个问题需要解释清楚：既然计划和市场都是经济调节手段，计划多一点还是市场多一点，都与社会制度无关，那么为什么我们不能在保持计划经济的体制下实行计划与市场的结合，而一定要改为在市场经济的体制下实现两者的结合呢？这就是说，为什么资源配置的方式一定要从计划配置为主转为市场配置为主呢？这个问题涉及对作为资源配置两种方式各自的内涵和各自长短优劣的比较。经过多年的实践与观察，应该说这个问题越来越清楚了。

的确，资源配置的计划方式和市场方式各有其长短优劣。计划配置一般是政府按照事先制定的计划，主要依靠行政指令的手段来实现。它的长处在于能够集中力量（即资源）办成几件大事，有可能从社会整体利益来协调经济的发展。但计划配置的缺陷主要在于：由于计划制定和决策人员在信息掌握和认识能力上的局限性，以及在所处地位和所代表利益上也难免有局限性，因此计划配置的方式就难免发生偏颇、僵滞的毛病，往往会限制经济活力，不利于资源的优化配置。市场配置一般是按照价值规律的要求，适应供求关系的变化，发挥竞争机制的功能来实现。它的长处在于能够通过灵敏的价格信号和经常的竞争压力，来促进优胜劣汰，协调供求关系，把有限的资源配置到最优环节组合上去。但市场配置也有其缺陷：市场调节具有自发性、盲目性和滞后性特点，它对于保证经济总量平衡，防止经济剧烈波动，对于合理调整重大经济结构，对于防止贫富悬殊、两极分化，以及对于生态环境和自然资源的保护等问题，或者是勉为其难的，或者是无能为力的。

这样看来，既然计划与市场各有其长短优劣，我们就必须扬长避短，取长补短，把两者结合起来运用。但是讲到这里，仍然没有解答为什么要用市场经济体制来取代计划经济体制的问题。我认为，这个问题已经不是一个信念问题，也不是一个感情好恶的问题，而是一个实证性问题。就是说，要解答这个问题，就必须不再纠缠于市场经济和计划经济是姓"社"还是姓"资"的抽象概念上，而要切实考察这两种经济运行机制在世界经济竞技场上进行的历史较量，说明它们各自在什么条件下是资源配置的更为有效的方式，以及从整体上说何者更为有效。

纵观近代世界史，市场经济形成后促进了资本主义经济的大发展，但同时资本主义社会的内在矛盾也激化起来。市场经济发展到19世纪初叶，作为资本主义社会基本矛盾表征之一的周期性经济危机开始出现，此后愈演愈烈，造成工厂倒闭、工人失业等社会的灾难。19世纪中叶后，社会主义的思想由空想变为科学，针对市场经济的这种弊端，提出了有计划分配劳动时间和计划经济的设想。这一设想到了20世纪初叶俄国十月革命后得以实现。第二次世界大战后，包括中国在内的一些国家也实行了计划经济。所有实行计划经济的国家，既有成功的经验，也有失败的教训。例如前苏联从一个经济落后的国家一度发展成世界第二号工业强国，取得了反法西斯卫国战争的胜利，战后经济恢复也快，这些都得力于计划经济。但是，20世纪60年代以后，随着经济规模扩大，经济结构复杂化，技术进步步伐加快，人民生活要求提高，前苏联计划经济本身管得过死、不能调动积极性的内在弊病逐渐暴露了出来，这导致了经济效率和增长速度的步步下降。尽管在尖端科学、国防产业的某些领域还有某种程度上的领先，但从总体效率上说，在解决市场商品匮乏、满足人民生活需要等方面，前苏联传统的计划经济越来越显得·筹莫展。

反观西方资本主义国家，鉴于社会矛盾的日益激化，它们从19世纪中叶起开始寻找医治市场经济弊病的办法。随着股份制和支配垄断整个产业部门的托拉斯的出现，在一定范围内克服了生产的无计划性。1891年，恩格斯曾针对资本主义社会股份制和托拉斯的出现，指出："由股份公司经营的资本主义生产，已不再是私人生产，而是许多相结合在一起的人谋利的生产。如果我们从股份制进而来看那支配和垄断着整个产业部门的托拉斯，那么，那里不仅私人生产停止了，而且无计划性也没有了。"第二次世界大战时期，各国政府被迫实行类似计划经济的"统制经济"，对战时人力、物资、外汇等实行严格的管制，借此得以集中资源满足战争的需要。这些局部性、临时性的措施，当然不能阻止资本主义社会矛盾的发展。从1929年直到20世纪30年代，西方世界爆发了大危机、大萧条，造成了资本主义和平时期的空前社会灾难，资本主义社会矛盾暴露无遗。于是出现了以罗斯福"新政"为代表的政府对经济的干预，和以凯恩斯的《通论》为代表的宏观经济管理理论。这一理论在第二次世界大战后被西方各国普遍接受，政府通过财政政策、货币政策等手段对经济实行宏观调控，一些国家如法国、日本还搞了一些指导性计划，一些国家如瑞典、德国还搞了社会福利政策。尽管这些国家以私有制为主体的市场经济基础未变，因而不能完全摆脱资本主义基本矛盾的困扰，但上述政府宏观调控和社会福利政策的实施，大大缓和了周期性经济危机和社会阶级对抗，加上战后几次强劲的科技革新浪潮，使得现代资本主义的发展不仅能够"垂而不死"，而且还很有活力，已经不能用19世纪的模式来理解它了。

从以上简短的历史回顾可以看到，市场经济和计划经济在不同的历史条件下都有成功亦有失败，各有千秋。但从总体效率的较量来看，现代市场经济与计划经济相比，已被证明是更为有效的经济运行机制，传统的计划经济已被证明敌不过现代的市场经济，正是这个客观事实最终成为导致东欧剧变、苏联解体的重要因素之一。中国实行计划经济在第一个五年计划等阶段也是成功的，但后来也出现了物资匮乏、效率上不去的问题。十一届三中全会后，我们针对这些问题，及时采取了市场取向改革的步骤，而且事实证明，凡是市场取向改革越深入、市场调节比重越大的地方、部门和企业，经济活力就越大，发展速度就越快。改革十多年来，国家整体上经济实力增强了，市场商品丰富了，人民生活水平提高了。工农基本群众衷心拥护党，支持稳定，这是前几年中国在严峻考验中能够屹然站立，避免蹈前苏联东欧覆辙的一个重要因素。这也从一个方面表明，中国选择以市场为取向的改革道路是明智的。

从历史的回顾中，我们还得出一个结论：计划经济是不能一笔抹杀的，它有它一定的适用范围，在一定的历史条件下，它是更有效的。那么，计划经济适用的历史条件是什么呢？第一是经济发展水平较低、建设规模较小的时候（如"一五"时期156个项目的建设）；第二是经济结构、产业结构比较简单的时候（如非公有经济成分消灭，主要发展重工业）；第三是发展目标比较单纯、集中的时候（如战时经济、战备经济，解决温饱问题）；第四是发生了除战争以外的非常重大事故的时候（如特大的灾害，特大的经济危机）；第五是闭关锁国、自给自足的时候。在这些条件下，计划经济比较好搞，也很管用。但是，一旦经济发展水平提高了，建设规模扩大了，经济结构和产业、产品结构复杂化了，发展目标正常化多元化了（把满足人民丰富多彩的生活需求和提高以科技、经济为中心的综合国力作为目标），对外开放使经济逐渐走向国际化了，在这样的情况下，以行政计划配置资源为主的计划经济就越来越不适应，必须及时转向市场配置资源为主的市场经济。这正是我国经济目前面临的形势和任务。20世纪80年代，我国经济已经跨上了一个大台阶，90年代，我们要抓紧有利时机，在优化产业结构、提高质量效益的基础上加快发展；还要进一步扩大开放，走向国际市场，参与国际竞争。这就要求我们更加重视和发挥市场在资源配置中的导向作用，建立社会主义市场经济新体制。在这个基础上，把作为调节手段的计划和市场更好地结合起来。在配置资源的过程中，凡是市场能解决好的，就让市场去解决；市场管不了，或者管不好的就由政府用政策和计划来管。现代市场经济不仅不排斥政府干预和计划指导，而且必须借助和依靠它们来弥补市场自身的缺陷，这是我们在计划经济转向市场经济时不能须臾忘记的。

3. 既然市场经济不是制度性的概念，那么为什么要在市场经济前加上"社会主义"的定语？社会主义市场经济区别于资本主义市场经济的特点是什么呢？

海外人士也有这样提出问题的，中国搞市场经济就行了，何必要社会主义。这样讲，要么是有其用心，要么就是不了解中国以市场为取向的经济改革，其目的其内容都是社会主义制度的自我完善，而不是照抄照搬西方市场经济。海内人士提出这个问题，是认为从运行机制上说，市场经济在两种社会制度下没有什么差别，如果说有所不同，那也不是市场经济本身的问题，而是两种社会制度基本特征不同带来的。所以，有的同志主张不叫"社会主义市场经济"，而叫"社会主义制度下"或"社会主义条件下"的市场经济。我认为，这个意见不是没有道理，但为减少文字，我们也可以约定俗成，用"社会主义市场经济"概念来表达"社会主义条件下"或"社会主义制度下"的市场经济。一些共性的范畴，体现在具体的事物中，往往呈现出特殊性来，在共性范畴前面加上特殊性的定语，也是通常的做法。例如我们通常使用的"社会主义现代化""社会主义企业"等概念就是如此。对于社会主义条件下的市场经济，不妨使用"社会主义市场经济"的称谓，因为社会主义市场经济与资本主义市场经济确实既有共性，也有特殊性。即使同是资本主义市场经济，德国的市场经济不等同于法国的市场经济，日本市场经济也不等同于美国市场经济。何况社会主义国家的市场经济，当然有不同于资本主义市场经济的差异和特征。社会主义市场经济与资本主义市场经济的共性，我们在前文的论述中已多次涉及了，如价值规律、供求关系、价格信号、竞争机制在资源配置中的作用，等等。其差异主要是由于市场经济不能脱离它存在于其中的社会制度的制约。社会主义市场经济不同于资本主义市场经济的特点，是受社会主义制度的本质特征决定的，特别是它同社会主义基本经济制度是紧密联系在一起的。

我国社会主义制度的基本特征，从政治制度上说，最重要的是共产党和人民政权的领导。这个政权从总体上说不是为某些集团或个人谋求私利，而是以为全体人民利益服务为宗旨的。在基本经济制度上，所有制结构是以公有制（包括国有制和集体所有制）为主体，个体、私营、外资经济为补充，不同所有制可用不同形式组合经营，各种经济成分和经营形式的企业都进入市场，平等竞争，共同发展。国有经济的主导作用要通过市场竞争来实现。与所有制结构相适应，社会主义的分配制度以按劳分配为主体，按其他生产要素分配为补充，兼顾效率与公平，运用市场机制合理拉开差距，刺激效率，同时运用多种调节手段，缓解分配不公，逐步实现共同富裕。社会主义制度的这些基本特征，不能不通过注入较多的自觉性和公益性，对市场经济的运转产生重要的影响。由于有共产党的领导，有公有制为基础，有共同富裕的目标，我们在社会主义市场经济的运行中，更有可能自觉地从社会整体利益与局部利益相结合出发；在处理计划与市场的关系、微观放活与宏观协调的关系，以及刺激效率和实现社会公正的关系等方面，应当也能够比资本主义市场经济更有成效，做得更好。对此我们充满信心，因为通过全面改革的努力，这些是能够实现的。

建立社会主义市场经济的体制是一项非常复杂的系统工程，包括许多相互联系的重要方面的改革。一是企业机制的改革，特别是转换国有大中型企业的经营机制，通过理顺产权关系，实行政企分开，把企业推向市场，使之成为真正自主经营、自负盈亏、自我发展、自我约束的法人实体和市场竞争主体。二是市场机制的培育和完善，不仅要发展商品市场，还要培育生产要素市场，加快建立以市场形成价格为主的价格机制，同时建立一套规范而科学的市场规则和管理制度。三是建立符合市场经济要求又遵守社会主义原则的社会收入分配机制和社会保障制度。四是宏观调控体系和机制应建立在市场作用的基础上，相应减少政府对企业的干预，由过去直接抓企业的钱、物、人的微观管理为主，转到把重点放在做好规划、协调、监督、服务，以及通过财税金融产业等政策搞好宏观管理上来。这方面政府职能的转变十分关键，没有这个转变，以上各方面的改革都难以深化。这些方面中的每一项改革也都是一个复杂的系统工程，这里就不一一细说了。

谈中国走向社会主义市场经济*

——中华人民共和国国际广播电台记者
十四大专访播出稿
（1992年9月29日）

从总体效率的较量来看，传统的计划经济已被证明敌不过现代的市场经济。而这种观念的转变是中国人认识上的一个飞跃，这个飞跃源于十几年来改革的实践和理论活动合乎逻辑的发展。

中国的经济体制改革从1978年开始，经过14年的探索，终于明白"计划不是社会主义独有的，市场不是资本主义的专利"，经济体制改革的目标就是要建立社会主义市场经济体制。中国人大常委会委员长万里在一次会议上说："摒弃高度集中的计划经济，发展社会主义市场经济已经成为一个趋势。"

对社会主义市场经济，我们有一个认识的过程，过去传统的计划经济体制是建筑在排斥商品经济、市场经济基础上的，这种情况，到1978年中共十一届三中全会才开始变化。

到1984年的中共十二届三中全会，提出社会主义经济是公有制基础上的有计划的商品经济，这是一个很重要的突破，这个突破使得中国80年代取得了很大的成绩。在此之后，中国市场取向的改革有了较大的进展。

建立社会主义市场经济是今年（1992年）邓小平南方谈话后中国人的热门话题，现已取得广泛共识。这一认识被认为是1949

---

* 采访记者郭胜昔。

21

年新中国成立以来中国共产党在思想领域的最重要的变革之一。如果这个提法得以正式确立，那将标志着中国经济体制改革进入了一个崭新的阶段，其他各项经济机制会因此而加速转向社会主义市场经济的轨道，推动生产力的发展。人们期待即将召开的中共十四次代表大会表达大家共同的愿望。

中国经济体制改革的实质，是以市场机制为基础的资源配置方式取代以行政命令为主的资源配置方式。

资源配置是近十年才在中国出现的一个概念。一个国家的资金、物资、人力、土地资源是有限的，而人们要解决的问题是无限的。有限的资源如何合理配置，对一个国家经济的发展关系极大。从世界范围看，有这样两种方式：第一种是通过价格供求变化，就是通过市场来配置资源，第二种是政府用行政命令和指标来分配资源。中国以前一直使用的是第二种。不过从世界历史发展以及中国经济改革现实来看，市场经济作为资源配置的手段被认为更加有效。

计划经济并非一无是处。在一定的历史条件下，它是有效的。当初苏联要对付帝国主义的包围，集中力量进行重工业建设，共产党把苏联从一个落后的国家发展成为先进的工业国。新中国在成立初期，经济发展水平低，靠计划经济集中资源搞了156项工程，成绩也是很大的。

当经济规模扩大、结构复杂、需求和技术不断变化时，集中管理的弊病就出现了。在和平的环境里要把经济搞上去，随着经济生活的多样化、复杂化，市场显得越来越重要。

计划经济的弊病之一就是效率低下问题，这个问题是导致苏联解体、东欧剧变的主要原因之一。中国的计划经济在第一个五年计划中是成功的，但后来也出现了物质匮乏、效率上不去的问题。从根本上说，过分集中、统得过死的计划经济体制束缚了生产力的发展。

针对这种情况，20世纪80年代以来中国及时采取了以市场为取向的改革，实践证明，市场取向的改革进行越深入的地方、部门、企业，其经济活力就越大，经济发展就越快。比如广东的发展就比全国的速度快，80年代全国是9%，而广东是12%以上，原因是广东作为中国沿海开放地区，它的市场取向的改革更深入。

明确资源配置的方式是以市场配置为主，但计划和市场都要用，因为市场与计划作为经济调节的手段各有其长处和短处。

市场可以靠价值规律、供求关系、竞争机制等促进资源向效率高的方面来使用，但它也有毛病，就是自发性和后发性，出了问题之后才能调节。因此，在控制总量平衡、防止贫富两极分化、环境保护、大的结构调整等方面，完全靠市场是不行的，要靠计划来弥补市场功能所起不到的作用。

社会主义市场经济与资本主义市场经济有相同之处，其运行机制是一样的，主要靠资源配置、价值规律、通过供求关系的变化等在市场上平等竞争。但中国人不认为他们放弃了社会主义，因为社会主义与资本主义的区别不在于市场经济，而在于所有制的基础。

我们搞社会主义市场经济是公有制占主导地位，再加上按劳分配、共同富裕的目标以及政权掌握在共产党和人民手中。我相信，如果坚持了这几条，我们的社会主义市场经济能够搞得更好、更有成效。

我和《经济日报》*

——祝《经济日报》创刊十周年
（1992年10月1日）

　　《经济日报》创刊十周年了。这十年是不寻常的十年。虽然从历史长河来看，时间不算很长，但从我国经济变化来看，其色彩之绚烂，其内容之丰富，是我国经济发展史乃至整个历史前所未有的。《经济日报》应改革开放之运而生，随改革开放之前进而成长，为改革开放而讴歌而呐喊，真实地记录和反映了改革开放的历史进程，在宣传和推进改革开放的事业上，做出了许多贡献。所以《经济日报》十周年诞辰，不仅是新闻界的一大喜讯，也是整个经济界和经济理论界共庆的节日。

　　作为一个经济理论的工作者，我经常阅读《经济日报》，从中吸取研究工作所必需的经济信息和思想营养，又不时通过《经济日报》的版面，特别是《理论探索》专栏，与读者、同行交流观点，得益匪浅。所以我和《经济日报》之间可以说是一种至交的关系。《经济日报》的一切成长和成就，都给我带来喜悦。

　　人们常常讲传媒的"桥梁""渠道""纽带"等作用。我认为，《经济日报》在这方面做得很出色。它不但在党、国家与人民群众之间，政府与企业之间起着沟通上下的渠道作用，也不仅在企业与企业之间起着交流和沟通经验的桥梁作用，而且在经济实际工作部门同经济理论界之间起着互相联系的纽带作用。这种

24　　* 原载《经济日报》。

纽带作用，对于理论与实际相结合，以更好地为改革开放和发展服务，对于繁荣理论和繁荣经济，都是必不可少的。广大经济工作者和理论工作者都希望这种纽带作用能够进一步加强。

的确，《经济日报》对经济理论问题一向是很注意的。不用说《理论探索》专栏，就是其他版面，也经常刊载理论性文章，报道理论观点的讨论。而且这些文章和报道能够结合当前的实践，抓住时代的脉搏，抓住大家关心的问题。例如最近关于社会主义市场经济问题讨论的文章和报道，就是这样。据我所知，最近有不少同志翻开报纸，就找这方面的材料，而《经济日报》满足这方面的需求比较及时，这是要继续发扬的好传统。我也赞成这样的意思：即今后要紧紧围绕发展社会主义市场经济这个大课题，按市场要素和经济运行规律来设置版面，搞好报道，在保持原有特色的基础上调整、充实、改进、提高，形成新的优势，争取以新的面貌出现在广大读者面前。

我和《经济日报》

中国经济能够实现较快发展*

——新华社记者专访

（1992年10月12日）

市场取向解放生产力

在邓小平南方谈话的推动下，加快中国经济发展已作为一个重要的课题摆在中国人民面前，这也将是即将召开的中共十四大的重要议题。那么，中国经济在20世纪90年代能不能较快发展？要实现以较高的速度发展有哪些有利条件与制约因素？我认为中国经济能够实现较快的发展。这首先是因为，社会主义市场经济理论的提出，以及以市场为取向的改革步伐的加快，将极大地有利于解放生产力，释放被旧体制束缚的经济潜力，随着整个经济体制效率的提高，就有可能在改善资源配置效率的基础上，实现比原定"八五"和十年经济发展规划更快的经济发展。

对外开放向内地发展

扩大对外开放产生的效应，将推动经济的加快发展。中国对外开放正在从沿海向沿江、沿边、沿线及内地逐渐延伸，东南沿海地带通过外向型经济发展战略而引发的经济高速增长将带动内

26   * 本文系新华社记者张承志专访，原载《大公报》。

地和沿边经济的发展。此外，中国产品出口的潜力很大，只要年产品出口增长率由80年代的11%，提高到90年代的12%，对经济增长的推动力就将保持甚至超过80年代。

调整产业结构产生的效应。国际经验证明，产业结构的大调整，会推动经济增长，带动经济水平的提高。对于中国来讲，调整产业结构一个很重要的内容就是加快发展第三产业，而20世纪90年代，中国经济发展处于从低收入水平向中等收入水平迈进阶段，经济体制改革也将转向发展社会主义市场经济，这就为第三产业的发展开拓了广阔的前景。由于第三产业投入少、产出多，它将有效地带动整个经济的增长。

民间资本比重将增加

传统产业的设备、技术更新换代和新兴产业的开发，也是推动90年代经济高速增长的不可忽视的因素。这一期间，即使只对占中国工业设备20%的落后设备进行更新改造，也会从两个方面推动经济增长：一是投资需求的扩大，另外则是由于新设备效率提高可以提高资本产出率，增加供给，从而对整个经济形成需求、供给共同推动的两刃效益。而就新产业开发来说，随着企业信息管理、办公设备现代化、电话的普及，小轿车进入家庭以及房地产市场推动房屋建设规模的扩大，所有这些，可以带动一大批产业的发展，使整个经济保持较高的增长。

非国有经济和民间资本的加速发展是促进20世纪90年代经济较快增长的又一个源泉。90年代，乡镇企业、个体、私营企业和"三资"企业等非国有经济将会得到更快的发展，在整个国民经济的比重将达到60%~70%，这种发展趋势，对国民经济的加快发展是有利的。

对于90年代中国经济的加快发展，当然也存在若干制约因素，这主要是能源制约、原材料和交通运输，尤其是铁路运输的制约，以及资金与市场的制约。

要培育合理的消费热

为克服上述制约因素，必须采取的措施是：加大能源开发强度，扩大生产能力与节约能源并举，如果能把能源利用率由目前的30%提高到40%，能源对经济增长的制约就可以适当缓解；经济发展不能过热，是避免原材料供应全面紧张的关键，扩大进口也将是满足原材料需求的途径之一；大幅度增加对铁路建设的投资，兴建若干骨干工程，同时采取一些见效快的"短平快"措施，提高现有运输设施的能力，以使铁路运输最大限度地满足需求；资金的制约主要是积累和投资效益低，90年代经济增长前景如何，将取决于在提高投资效果和资金使用效率上的措施和效果如何；解决市场制约问题的重要措施是大力发展潜力最大的农村市场，同时，刺激消费欲望，培育合理的消费热，将是缓解市场需求约束的基本途径。

综合以上分析，虽然实现90年代经济快速发展仍存在不少困难，但实现年平均8%到9%左右的增长率是可能的。现在国际国内形势对我国加快发展经济是有利的，我们必须抓住这一时机，把经济搞上去。

建立社会主义市场经济体制是
社会主义经济理论重大突破*

——新华社记者北京10月14日电
（1992年10月15日）

江泽民同志在党的十四大报告中明确提出：我国经济体制改革的目标是建立社会主义市场经济体制，以利于进一步解放和发展生产力。这是社会主义经济理论的又一次重大突破，对今后的改革开放实践将产生重大影响。

就资源配置的方式而言，市场经济与计划经济是相对应的概念。这里讲的资源是指人们可以掌握支配利用的人力、物力、财力和土地等经济资源，资源配置就是社会如何把有限的资源有效地配置到社会需要的众多领域、部门、产品和劳务的生产上去，产生最佳的效益，最大限度地满足社会的需求。在现代的社会化生产中，以计划为主要配置方式的叫计划经济，以市场为主要配置方式的叫市场经济。

形成市场经济要有一定的条件，那就是商品和生产要素能够在全社会范围内自由流动，配置到效益最优的用项组合上去，所以说市场经济是商品经济高度发展的产物。现在我们提出用市场经济概念代替有计划商品经济概念，就是强调要进一步发展商品经济，在资源配置的问题上明确市场配置为主的方式，这正是我

---

* 本文系新华社记者徐耀中专访，原载上海《文汇报》。

国当前经济体制改革的实质所在。

这次根据邓小平同志视察南方谈话的精神，把建立市场经济体制正式写进十四大报告，从根本上破除了把计划经济看作是社会基本制度范畴的传统观念，诊治了我们在市场和市场经济问题上常犯的"恐资病"，启发人们从资源配置这一基本经济学观点的角度去对社会主义市场经济体制问题进行全新思考，这无疑是社会主义经济理论继20世纪80年代初提出社会主义商品经济概念后的又一次重大突破，对今后我国改革开放的实践将产生重大影响。

从历史的回顾中可以看到，市场经济和计划经济在不同的历史条件下都有成功亦有失败。但以总体效率的比较来看，现代市场经济已被证明更为有效。我国实行计划经济在第一个五年计划是成功的，但后来也出现了物资匮乏、效率上不去的问题。十一届三中全会后，我们针对这些问题及时采取了市场取向改革的步骤，实践证明，凡是市场取向改革越深入、市场调节比重越大的地方、部门和企业，经济活力就越大，发展速度就越快。这表明，我国选择以市场为取向的改革道路是明智的。

对计划经济当然不应该一笔抹杀，它有一定的适用范围，一定的历史条件下是有效的。但是一旦经济发展水平提高了，建设规模扩大了，经济结构和产业、产品结构复杂化了，发展目标正常化多元化了，对外开放使经济逐渐走向国际化了，计划经济就越来越不适应发展的需要。20世纪80年代，我国经济已经跨上了一个大台阶，90年代，我们要抓紧有利时机，在优化产业结构、提高质量和效益的基础上加快发展；还要进一步扩大开放，走向国际市场，参与国际竞争。这种发展的态势要求我们更加重视和发挥市场在资源配置中的导向作用，建立社会主义市场经济新体制。

从运行机制上说，市场经济在不同社会制度下没有什么差别。但市场经济又受到它存在于其中的社会制度的制约。社会主义市场经济不同于资本主义市场经济的特点取决于社会主义制度的本质特征，同社会主义基本经济制度紧密联系在一起。

我国社会主义制度的基本特征，从政治制度上说最重要的是共产党和人民政权的领导，这个政权从总体上说是为全体人民利益服务，而不为某些集团或个人谋私利。在基本经济制度上，所有制结构是以公有制为主体，个体、私营、外资经济为补充，各种经济成分和经营形式的企业都进入市场，平等竞争，共同发展，国有经济的主导作用要通过市场竞争来实现；在分配制度上，采用以按劳分配为主体，其他生产要素分配为补充的形式，兼顾效率与公平，运用市场机制，合理拉开差距，刺激效率的提高，逐步实现共同富裕。社会主义制度的这些基本特征，不能不对市场经济的运转产生重要影响。由于有共产党的领导，有公有制为基础，有共同富裕的目标，在社会主义市场经济的运行中，更有可能自觉地从社会整体利益与局部利益相结合出发；在处理计划与市场的关系、微观放活与宏观协调的关系，以及刺激经济效率和实现社会公正的关系等方面，应当也能够比资本主义市场经济更有成效，做得更好。

只要大家坚持大胆探索，勇于试验，及时总结经验，经济体制的转换一定能顺利推进，社会主义市场经济新体制一定能尽快在我国建立和巩固。

中国的生态环境与经济发展[*]

——在中国生态经济学会第三届会员代表大会暨学术讨论会上的书面报告

（1992年10月）

1982年，在我国老一辈的经济学家和生态学家的联合倡导之下，在南昌召开了全国第一次生态经济科学讨论会。1984年在北京成立了中国生态经济学会，至今学会经过了两届，已经有近十年的历史，虽然时间不长，但是在大家的共同努力之下，创建了适合我国情况的生态经济新学科，特别是宣传生态经济科学，提高了广大干部和群众的生态经济意识，并为推动社会生态与经济协调发展做出了贡献，现在生态经济原则已经在各个方面得到广泛的应用。今天我们在安徽马鞍山市举行年会，首先就要缅怀为建立中国生态经济学会，为创建生态经济科学做出巨大贡献的原理事长许涤新、原副理事长马世骏、侯学煜、何永祺等同志，并对他们进行深切的悼念。

在邓小平同志南方谈话的鼓舞下，我国正加快改革开放的步伐，加快发展国民经济，这就要求生态环境建设要同步进行，积极为经济发展创造条件。纵观国内外的大趋势，可以说生态经济科学的理论与实践已经步入一个新的历史阶段，我们生态经济学会任重道远。下面，我对中国的生态环境与经济发展问题讲如下

* 原载《刘国光经济文选》（1991—1992年），经济管理出版社1993年版。起草时得到中国社会科学院农村发展研究所何维遒研究员的协助。

四个方面的内容。

一、要深刻认识和借鉴人类社会在"环境与发展"中所取得的经验教训

18世纪英国工业革命以后到20世纪初，资本主义发达国家已经使物质文明得到空前的发展，然而同时由于滥用资源和污染环境，破坏了人类的生存环境，也受到了应有的惩罚。英国伦敦1873—1962年曾发生过六次重大的大气污染公害事件。其中1952年12月5—8日烟雾事件中，因环境污染致病死亡人数较常年同期多4000人。美国1961—1976年发生过130起水污染事件，造成千千万万人致病。日本1953—1968年连续发生水俣病、疼痛病、哮喘事件、米糠油事件。其后由点发展到全球环境恶化、酸雨扩展、温室气体快速增长全球变暖、极地臭氧层漏洞、物种灭绝等。由于环境污染已经给人类造成灾难性后果，1972年6月在瑞典斯德哥尔摩举行了联合国人类环境会议，通过了《人类环境宣言》，呼吁各国政府和人民为维护和改善人类环境，造福人类、造福后代而共同努力。经过10年，环境治理缓慢，而污染所造成的后果及影响日趋严重。应联合国大会的紧急要求，1983年12月联合国秘书长授命布伦特兰夫人成立世界环境与发展委员会，制定"全球的变革日程"，1987年布伦特兰夫人向联合国大会提交了《我们共同的未来》的报告。报告说："委员会对未来的希望取决于现在就开始管理环境资源，以保证持续的人类进步和人类生存的决定性的政治行动。我们不是在预测未来，我们是在发布警告——一个立足于最新和最好科学证据的紧急警告：现在是采取保证使今世和后代得以持续生存的决策的时候了。"布伦特兰夫人指出："现在所需要的是一个经济增长的新世纪——一种强有力的、同时在社会和环境上具有持续性的增长的新世

纪。"1992年6月3—14日，在巴西里约热内卢联合国召开了"环境与发展大会"，世界183个国家的代表团和70个国际组织的代表出席了会议。中国派出了以宋健为团长的政府代表团，李鹏总理也出席了有102位国家元首和政府首脑参加的首脑会议，经过争议、协商产生了《关于环境与发展的里约宣言》和《二十一世纪议程》，并同时签署了《关于森林问题的原则声明》、《气候变化框架公约》和《生物多样性公约》，中国政府签约支持这五个文件。里约宣言宣告，人类处于备受关注的可持续发展问题的中心，强调人类应享有以与自然相和谐的方式过健康而富有生产成果的生活的权利；为了实现可持续的发展，环境保护工作应是发展进程的一个整体组成部分，不能脱离这一进程来考虑；和平、发展和保护环境是互相依存和不可分割的；所有国家和所有人都应在根除贫穷这一基本任务上进行合作，这是实现可持续发展的一项不可少的条件。里约宣言是不论国家的政治体制差别和发展程度差别所取得的全人类的共识，是普遍规律和发展的大趋势。里约宣言的原则之一是"各国应有效合作阻碍或防止任何造成环境严重退化或证实有害人类健康的活动和物质迁移和转让到他国"，应迅速制定对其管辖外的地区造成的环境损害的不利影响的责任和赔偿的国际法律。如果中国在经济发展中不是协调地保护生态环境，反而破坏生态环境，有朝一日周边国家就会要求中国赔偿对他们的环境损害。可以说把中国的环境保护工作做好，不仅是对自己人民当代和后代的义务，也是对全人类共同事业的重要贡献。

二、中国生态恶化、环境污染兼而有之，形势十分严峻

中国是一个经济相对落后、资源又相对紧缺的发展中国家，

约10%的农民生活水平尚处于绝对贫困线以下，依赖自然的小农经济生产生活，愈垦愈穷、愈穷愈垦，生态恶化与经济贫困恶性循环在一部分地方尚没有从根本上改变。中国又在加速发展经济，工业与乡镇企业发展迅速，相应带来环境污染。在发展中就同时要进行生态建设与环境保护，矛盾很多、障碍重重。现在存在的生态环境问题突出的是：

1. 人口膨胀，素质低下。中国人口1989年4月已经达到11亿，1990年第四次全国人口普查为11.6亿，自然增长率为1.4%，每年净增人口约1500万。不仅人口过多，严重的还有劳动生产率低下，十年来农业有很快的发展，但是按农业每一个劳动力生产的粮食计算，1980年为1102.8公斤，1989年为1244.6公斤，九年仅增长12.9%，平均每年仅增长1.4%，一个农业劳动力生产的粮食仅够三个人消费，所剩无几。劳动生产率低下原因是多方面的，劳动力素质低下也是生产率低下的一个主要原因。我国农村中文盲和半文盲达两亿多人，占全国总人口近20%，低素质、低劳动生产率的人口膨胀，必将成为今后环境与发展沉重的负担和制约因素。

2. 自然资源退化严重。（1）耕地逐年减少，土壤肥力下降。据《生存与发展》的资料，1978—1987年我国耕地共减少250万公顷，平均每年减少25万公顷。据国家统计局"七五"统计公报资料，到1990年近五年统计，耕地减少123.6万公顷，平均每年减少24.7万公顷。其中，因自然灾害损毁耕地约占40%，国家基本建设占地占13%，乡村集体基建占地、农民建房占地各占5%，其余为退耕还林还牧占地。人口增长、耕地减少的人地矛盾日益尖锐。土壤肥力下降明显。东北三江平原原是土壤有机质最丰富的黑土地，现在与解放初期土壤有机质含量相比，已从6%~11%，下降到3%~5%。据全国第二次土壤普查结果，耕地总面积中有59%缺磷，23%缺钾，14%磷钾俱缺，土壤板结占12%，

1/3耕地土壤遭受侵蚀，有26%的耕地耕层过浅，还有667万公顷耕地遭受污染。（2）森林资源退化。中国森林覆被率低，破坏严重，经过近十年大力绿化造林，森林覆被率仅达12.9%，接近解放初期的水平。少林地区造林发展较好，平原绿化很有成效，但是原有大面积天然林区，森林长期过伐，资源下降。据林业部1989年的统计，全国用材林面积五年减少284.72万公顷，平均每年减少34.92万公顷；用材林蓄积量五年减少78 199万立方米，每年平均森林资源赤字9610万立方米。虽然森林面积有所恢复，但新造林是幼林小树，而砍伐破坏的是成熟的大森林，所以森林的总体生态功能仍在下降。乱占滥用林地状况严重。据1988—1991年统计，因基本建设、开矿采石、毁林开垦等原因乱占滥用林地，平均每年损失林地面积达52万公顷。人工林地力衰退，单位面积蓄积量1977—1988年11年间平均下降18.12立方米/公顷。杉木人工林第二代比第一代生长量下降10%，第三代比第一代下降40%~50%。（3）草原退化严重。据1990年国家环境公报报道，全国草地退化面积达6670万公顷，占草原总面积的21.4%，退化速度每年平均高达130万公顷。严重的地方土地沙化，现有沙化土地面积3710万公顷，受沙化危害的农田达400万公顷，草场达467万公顷，沙化土地每年以1.6万公顷的速度在扩展。（4）水产资源退化。陆地湖泊水面缩小、河流枯干断流，水质污染加重，均影响水产资源生存。海洋捕捞中酷鱼滥捕，资源破坏尤为严重，大鱼、优质鱼越捕越少，大、小黄鱼已经难于形成渔汛。

　　滥用资源、资源退化是具有普遍性的问题，因而是严重的。主要原因之一是传统经济学否定农业自然资源有价值，因此产生资源无偿占用与利用；国有的森林和草原可以任意分给集体和个人；森林采伐、草原过牧后缺乏资金进行更新复壮，所以资源，特别是国有的农业自然资源日渐萎缩。当代的农业自然资源无不需要进行养护更新，资源已经不是完全天然的产物了。农业自然

刘国光
经济论著全集
第
10
卷

资源都是有价值的，必须树立起新的资源价值观念，建立资源有偿利用制度，形成资源、生态与经济的良性循环。

3. 水土流失扩展。20世纪50年代，中国水土流失面积约150万平方公里。据统计，经过40年治理，累计到1989年年底已经治理52万余平方公里，然而新增加的水土流失面积很多，现在据卫星图片测算水土流失总面积仍超过50年代，黄河流域水土流失尚没有得到根治，长江流域水土流失严重扩展。长江流域水土流失面积由50年代的36万平方公里，到80年代增加到56万平方公里，年土壤侵蚀总量达22.4亿吨，超过了黄河流域。长江流域山多、雨大、坡陡、土薄，水土流失后土地石化，失掉农业生产条件，其后果比黄河流域问题严重得多。水土流失的发展是生态恶化的主要根源。水土流失往往是从破坏森林植被开始的；水土流失造成水库泥沙淤积，降低水库寿命和经济效益；河道淤塞，河床淤高，湖泊萎缩，水产减产，调洪能力降低，雨季洪灾加重，山地土变薄，蓄水能力降低，泉枯水干加重旱灾灾情。因此，兴修水利工程必须同植树造林、水土保持同步并举，协调进行，才能持久发挥效益。

4. 自然灾害频率上升，经济损失日趋严重。据统计资料分析，中国在1970年以前每10年才发生一次重灾年，而近二十年三五年就有一次重灾年，如1972、1977、1980、1985、1988年都因灾情重，粮、棉比上一年减产。1981—1984年中国农业大增产，除了农民积极生产外，也与这4年气候条件正常相关。1985—1988年农业徘徊也是自然灾害严重的4年，受灾面积平均每年达4612万公顷，比前4年增加32.2%；成灾面积平均每年达2268万公顷，比前4年增加36.7%，自然灾害的轻重仍然是影响农业产量的主要因素。虽然为了防御水旱灾害，党和政府一贯重视兴修水利，80年代水利基建投资223.11亿元，占农业总投资的60%，修建了一些水利工程，收到了一些效益。但是由于有些旧的水利工程缺乏山区绿色屏障，年久失修，抗灾能力反而降低。成灾面积占受灾面积的比例在"五五"计划以后逐年提高。"五五"期间成灾与受灾面积之比为38.4%，"六五"期间上升为48.3%，"七五"期间的80年代后期接近50%，增加到有半数成灾而严重减产。1991年夏季江淮地区所遭受的严重水灾，从雨量上看并没有超过1954年，但灾情比1954年严重得多。黄河洪水的威胁与日俱增，黄河生态已经恶化到历史上又一个最高点。1992年枯水期断流长达两个月，是40多年来断流最久的。下游干旱缺水严重影响工农业生产和人民生活用水。8月中旬渭河、泾河流域降大雨，发生洪水，临潼水文站8月14日流量3400立方米/秒，水位357.34米，超过警戒水位1.34米。8月16日黄河花园口水文站洪水位高达94.33米，比1982年洪水位还高0.34米，成为1949年以来的最高水位。而洪峰流量为6260立方米/秒，不足1982年流量的一半。因为黄河河床多年淤积，河床抬高，水位严重抬高，加上冲刷破坏力加强，加重险情。人们决不能以为黄河40多年安澜就掉以轻心。

5. 水资源短缺，供求矛盾日趋尖锐。我国水资源总量28 124亿立方米，但按人平均仅有2400立方米左右。目前由于城市人口激增，工业迅速发展，城市缺水已经成为普遍性问题。在381个城市中，有200多个城市缺水，其中严重缺水城市有近50座，因缺水造成工业产值损失达200亿元以上。我国北方缺水的趋势尚在扩展，地下水超采严重，长期超采，地下水位持续下降，形成地下漏斗。水资源受污染的趋势加大，42个大中城市中93%的河水被污染，更加重了水资源的紧缺。

6. 农村环境污染扩大。中国是世界最大的产煤和用煤的国家，中国能源结构中，煤炭消耗量约占3/4，排放大量的SO_2和CO_2，是我国主要污染源。韩国反映他们已经发现来自中国大陆的致酸物质；美国太平洋观测站测出认为来自中国的气溶胶；日本前几年就提出"酸雨将从中国来"的问题。

随着我国工业发展，废水、废气和工业固体废弃物的"三废"排放总量不断增加。1989年废水353亿吨、废气83 065亿标立方米、工业固体废弃物57 173万吨。据中国科学院生态环境研究中心《生态环境预警研究》课题组预测，2000年废水、废气、废弃物将分别增加到413亿吨、115 432亿立方米、69 350万吨，分别增长17%、39%、21.3%。目前我国水污染比较严重，多数江河如长江、淮河、松花江、辽河等水系，污染情况有加重趋势，全国61.5%的湖泊出现富营养化。据1987年监测资料，城市有42%的饮用水源地受严重污染，占50%的地下水受污染。大中城市全为煤烟型污染，北方城市污染重于南方城市。有1/6的国土受到酸雨的侵蚀。

我国近十年由于贯彻环境保护的国策和"三同时"的方针，加强了环境管理，取得了很大成绩，但是今后任务、压力愈来愈重。存在的问题主要有：（1）我国三废排放量不仅大，特别是处理率低。据统计，废水处理仅占20%~30%，废气占50%~60%，废渣仅占30%~40%，实际上远远低于这些数字，因为往往已经投资的三废处理设施不能正常运行、发挥效益，只顾生产、不重视环境保护的状况仍很严重。据美国资源环境研究所勃布罗宾逊预测，到2025年中国将从全球增温气体第三释放国，变成世界最大的增温气体释放国。（2）农村环境污染向面上蔓延。乡镇企业发展迅速，但是由于农村资金紧缺、环境管理不严，污染面很快扩大到乡镇各地。据南京环境保护科研所典型调查，目前有污染的乡镇企业占总数的40%，其中重污染企业占10%，因而乡镇企业三废排放量增加快，特别是农村经济发达的地区污染严重，苏州、无锡、常州地区1980年以前水质良好，现在有80%的水体受到污染。农村，特别是经济落后的山区，多办小煤窑、土法炼焦、土法炼硫磺等，回收率低，浪费资源，局部环境污染极为严重。

化肥长期以施用氮肥为主，氮肥占80%以上，而氮肥的有效利用率仅占30%，70%流失，形成面上的污染源。滥用农药伤害人畜的事件也时有发生。1989年中国科学院国情分析研究小组出版了《生存与发展》一书，对中国的生态环境状况总体评价说："先天不足，并非优越；后天失调，人为破坏；退化污染，兼而有之；局部改善，整体恶化。治理赶不上破坏，环境质量每况愈下，前景十分令人担忧。"这种状况近几年在其他方面经过治理有所改善，但从整体上考察，情况仍很严重，仍是加重趋势。当前，中国的环境与发展问题矛盾重重，问题尖锐，怎样才能避免进一步破坏生态环境，而又加快经济发展，将改善环境和发展经济统一起来，达到协调发展，这个问题必须在法制、政策、管理、实施等方面迫切行动起来，保护资源改善环境，为中国快速发展经济保驾护航，保障中国经济持续高速度发展。

三、加强生态经济学的研究和实践，保障经济高速、健康的发展

目前中国改革开放浪潮势不可挡，经济高速发展的新形势已经形成。高速经济发展必然要耗费量多质优的资源，并增加环境污染，对中国已经很脆弱的生态状况带来新的冲击和压力。怎样保证经济高速发展而又不破坏生态平衡的问题，迫切需要研究并提出对策。当前生态与发展、资源开发与保护、目前经济利益与长远经济利益等方面出现很多矛盾，也出现了只顾发展经济、上建设项目、办企业、增加生产，而放松生态环境保护的现象。在有的新开放开发区建设中，缺乏总体规划和生态环境保护的具体措施，究其原因是由于生态环境问题具有整体性、阈容性、积累性、外在经济性和滞后性，因此生态环境问题往往不被人们所

认识和重视。经济发展要依赖于优质丰富的资源和以良好的环境做基础，要使生态经济整体系统良性循环。开发资源和利用环境要认识资源环境都有其利用阈值和容量，在我国广大农村和内陆地区由于资源相对较丰富，环境容量相对较大，需要进行合理开发，这是我国高速发展经济的物质基础。但是资源利用和环境污染都不能超过其阈值和容量的允许限度，否则量的积累就会突变成资源危机和环境灾难。我国经济体制改革之后，激发了人们的生产积极性，但是也不能不看到我国资源与环境的公共资产在法制和管理上尚不健全。由于广大农村以家庭经营为基础，城镇国营企业实行自主经营，加上个体户、私营企业和"三资"企业发展，都在追求私人和本单位的经济利益，而滥用资源、污染环境造成的生态环境恶果却转嫁给社会，造成社会总成本增加，国家生态环境欠账。实际上我们也正在走着西方工业化过程中走过的错误道路。宋健同志在巴西联合国环境与发展大会上发言说得好："工业革命之后流行的发展模式，特别是生产和消费模式已难以为继。这种模式虽然使一些幸运的地方富裕和发达起来，却在更多的地方造成了贫困和落后；虽然提高了人的生产能力，却过度地消耗资源，破坏了生态平衡和生存环境；虽然部分满足了部分人们的近期需要，却牺牲了长远的发展利益。"对国际上的教训我们在发展中必须引为鉴戒，避免再走他们的弯路。再说西方发达国家工业化、现代化的初始条件——资源丰富、依赖对殖民地掠夺这些条件今天已经不复存在，我们共产党人也决不能这样做。我们是在资源相对紧缺，而生态环境十分脆弱的条件下实行工业化、现代化的，这条路怎么走，只有在生态经济的原则下保护环境同经济、社会发展协调进行，同步建设，使其环境与发展互相促进，才能达到我们的战略目标。

　　高速发展经济是全国人民的共同心愿，为了发展经济就必须保护资源和生态环境，这是经济赖以长期稳定发展的基础，否则，急功近利，违反客观规律，自毁基础，将使经济发展难以为继。例如：对土地资源利用不合理，违背生态规律，毁林毁草开垦种粮，破坏植被造成水土流失，掠夺式地开发生物资源，超过生物资源更新繁殖的阈限，过采过牧、酷鱼滥捕，致使资源退化，生态恶化；对矿产资源采出率低，一般只采出50%，一半资源损失，浪费资源，危害环境；矿物采出后在利用中或有机原料加工中利用率低，一大部分损失，又排入环境造成污染；矿物多是多组分矿物，普遍缺乏综合利用，只按主管专业部门单一利用，其他组分又成污染环境的废弃物。滥用资源，不合理开发利用资源是环境污染、生态恶化的主要根源。所以在大力发展经济的时候，必须严把资源利用关，再不能以破坏资源、污染环境为代价来换取暂时的经济发展高速度，那样的"大跃进"的结果，带来的必然是严重灾难。

1984年日本东京大学的谷屿教授在中国社会科学院曾讲过："中国虽比其他先进国家晚一步着手近代化，这反而是很幸运的，因为可以把大自然遭到破坏而深感痛苦的先进国家作为反面教员，以致勿踏前车覆辙。中国的与大自然共存的现代化得以成功的话，将成为举世无双的光荣、伟大业绩！"我们认为他讲的是对的。这条道路就是生态与经济协调发展、互相促进的现代化的道路。改革开放十余年来，各个地方、各个部门创造出一批好的经验与好的典型。

在开发区城市建设中，珠海市建设成为花园式海滨新城市的经验很值得称赞。主要经验是：（1）建市伊始，就组织专家进行城市规划，把保持高质量的生态环境作为城市规划的重要任务。珠海市枕山襟海，林多石秀，景色优美，为了保护和拓展优美的自然环境，运用"天人合一"的哲理，将人工建筑融入自然景观中，人工美与自然美相和谐。在城市结构形态上将市区规划成12个组团，组团之间以山峦、水体、田园、绿树相隔，以道路相连。在沿海、山旁建设保安林带，与建筑物错落相映，将城市寓于花园之中。（2）实施土地资源"五统一"的严格管理。首先是统一规划，合理利用土地资源；其次是统一管理，由市国土局一家集中管理；第三是统一征地，要按规划用地，任何单位和个人，不许直接向农民或集体征地；第四是统一开发，统一进行劣质地改造、围海造田和矿产资源开发；第五是统一出让，对土地资源由国土局代表市政府统一管理有偿出让、划拨土地，采矿收缴矿产资源费。（3）强化环境保护管理。坚持经济建设和环境建设同步规划、同步实施、同步发展的原则。按自然风向环境影响考虑工业布局。对老企业有污染者关停搬迁或限期治理。重点发展引进轻型、小型、高新技术污染少的项目。对重污染项目，不管利润多高，也不准建设。建设污水处理厂，实现污水无害化，民用燃料气化率达90%，不准在市区内兴建烧煤的大烟囱，实现无黑烟的目标。珠海市因为经济繁荣，发展快，环境又十分优美，受到中外人士广泛好评，1988年被评为广东环境保护先进城市，1990年在广东省九个城市环境综合整治定量考核中名列第一名，在全国又被评为地级卫生十佳城市之一。我国的现代化建设，特别是城市现代化建设，要以生态环境的优劣衡量其文明进步的水平。脏乱差的城市就不能称之为现代化城市。因此，所有城市都迫切需要做出规划，进行城市改造。

实践和推广生态农业与生态林业建设，是生态与经济协调发展、互相促进的有效途径，这方面取得了显著的成效。据农业部1989年对25个省市的统计，485个生态农业试点比试点前，农田面积扩大24%，林草面积增加10倍以上，生产结构得到优化，生态环境改善，粮食、经济作物和林牧渔普遍增产，人均纯收入比全国平均水平提高50%。据农业部环保所对7个试点的调查，粮食年递增率为8.5%，人均纯收入年增长33.9%，单位耕地产值年递增率达24.8%，劳动力平均产粮年递增率为10.14%，劳均产肉年递增率为9.82%。据林业部科技委对9个生态林业点调查，森林覆盖率平均达40.22%，比试点前提高68%，粮食单产提高60%，果品收入提高1.45倍，林木蓄积量也有显著提高，人均纯收入提高近一倍。

生态农业的模式类型主要有：（1）遵循生态经济原则调整土地利用和生产结构，提高土地利用率和产出率，使农林牧渔各产业有机结合，综合发展，利用不同生物间共生互补关系提高农业综合生产力。（2）通过生态食物链和加工链的合理配置，物质和能量的多级传递、多层次循环利用，形成种、养、加系列生产，达到生态良性循环、经济协调发展。（3）利用生物共生原理，扩大农作物生长空间，延续农作物生长时间，施行立体种植形式，更多地转化利用太阳能，增加农业的第一性生产量。（4）利用沼气池建设，对农业有机废弃物如粪便、秸秆、树叶等，通过强化生态系统还原者的还原作用，生产农村能源、饲料和肥料，改善环境，提高农业生产水平。（5）通过农业生态工程，如小流域综合治理水土流失，防护林工程建设，改善农业生产的生态环境，发挥农业生态系统的自我维持能力，提高系统的稳定性。

生态农林业的效益表明，它们正是适合我国国情与民情的农林业持续优质高产高效发展的一条正确道路。

当全国一致高速发展经济之时，国务院提出发展高产优质高效农业，有人借此来反对生态农业，我们认为这是一种误解。发展高产优质高效农业同生态经济的原则以及对农业发展的主张是一致的，具有中国特色的生态农业是因，高产优质高效农业是果，前者是后者的可靠基础。生态农业同高产优质高效农业是统一的密不可分的，而不是互相矛盾的，生态农业也正是我国大多数地区实现高产优质高效农业的最有效途径，各地实行生态农业建设的成果可以证明。

刘国光

经济论著全集

第
10
卷

当前，在生态经济理论与实践方面，迫切要求加强以下工作课题研究：

1. 进一步宣传生态与经济协调发展的理论，并将其落实到当前实际经济发展中去。在当前加快改革开放，加快经济发展速度之中，出现了忽视生态环境保护的现象。例如，新的开发区建设缺少整体规划和环境保护规划；违反国家产业政策引进严重污染的项目；有的建设项目不经过环境影响评价，在没有环境保护措施的情况下匆忙上马；水土流失、沙化面积仍在扩展。这种状况任其发展，虽然暂时生产者获得较高的利润，但其将环境污染和生态破坏所造成的外部不经济的损失转嫁给社会，从全社会核算则得不偿失，后患无穷。因此，经济发展必须同生态环境保护相协调，这是必须坚持的理论和战略决策。在经济发展中应将生态建设作为一项基础建设，才能使经济协调、稳定、持久发展。像珠海的城市建设，晋、陕、黄土高原区的小流域治理，都是生态经济建设的好榜样，他们的经验应广为传播和推广。农村乡镇企业建设方面，要积极推广广东省顺德县的经验。顺德县的领导同志有强烈的环境意识，对未来发展有高度的责任感，在发展乡镇企业中，始终把环境保护作为选择建设项目的一个重要依据，放手发展不污染、污染少，合乎生态经济要求的企业，对重污染的项目从严控制。在生态工程建设中，将生态环境治理寓于经济效益同步增长之中，让广大农民感到营造防护林、进行水土保持能够得利，以提高农民进行生态工程建设的积极性。经济发达、生产力水平提高，不仅环境治理增强了经济基础，生态环境容量也可扩大。

2. 大力宣传生态工程建设是国家经济建设的基础的思想。现在已经开始认识到林业建设是农业生产、水利工程和人民生活安全的屏障。生态工程是国家与社会发展的基础建设，具有社会公益性质。因此，代表社会的各级人民政府有责任下力抓好规划、建设和管理，切实将生态环境建设纳入国家社会经济发展计划。农村要以防护林工程、水利建设、水土保持工程、农田基本建设（如平整土地、坡地改梯田）为重点，按地区、流域单元，农、林、水等部门结合，协调进行治理。由于我国生态环境欠账多，国家投入资金不足，迫切需要从理论上提高认识，建设方法上要与群众生产密切结合，同时研究解决造成生态环境破坏的责任并落实补偿费用；对生态工程建设的生态经济效益评价制定实施办法。

3. 大力提倡对农业自然资源进行资产评估，养护和增殖农业自然资源。大面积森林、草原都是国家所有的资产，过去因为长期无偿利用，利用者可以得到超额利润，使国家资源遭受破坏，这种状况不能再继续下去。首先要树立资源价值的新观念。其次对森林、草原资源进行资产评估。林业已经有了林价的理论与实践，草原的天然牧草的草价的核算理论与方法也应进行研究。施行农业资源有偿利用，进行资源养护更新，在资源增殖的基础上进行利用，实现资源的自然再生产和经济再生产的协调结合，从而保障农业持久发展。当前在开放开发区建设中地价核算也是很重要的问题。

4. 努力提高劳动力素质，合理配置劳动力资源，提高劳动生产率。人是消费者，同时又是生产者，生产的扩大要靠资源和资金的积累，但首先是人的劳动的积累。劳动积累不仅是劳动者的数量的积累，主要应该是劳动者知识、技术的积累，也就是劳动者素质的提高。在建设现代化经济的时代，劳动者素质的提高尤为重要。经济要发展，人民要致富，从根本上说是要靠人的素质的提高。我国在近十多年来耕地没有增加反而有所减少，劳动力也大量向第二、三产业转移，但粮食却从1978年的30 477万吨，增加到1990年的43 500万吨，棉花从216.7万吨，增加到450.8万吨，油料从512.8万吨，增加到1613.2万吨，其他经济作物也有明显的发展，靠的是什么？靠的是农业科学研究的成就和农业教育的发展，靠的是农校、农技站、电视广播、各种培训班推广新的科学知识，教会农民使用良种、因地配方施肥，以及新的耕作技术和生态建设工程的宣传与实施。没有人的素质的提高，生产的发展是不可设想的。人的生产和消费是一种辩证关系，受教育、学文化，没有这些消费，人的素质就不可能提高，经济也很难迅速发展。日本和亚洲的"四小龙"资源并不丰富，迅速发展靠的是人的科学技术的提高。我国的苏南人多地少，地下资源也非富有，而它却是我国农村最富裕的地区，其特点就是他们文化水平、人的素质，高于其他地区的农村。我们的生态村、生态县，收入都高于一般地区，也是宣传生态意识，推广生态技术措施的结果。因此，加强生态经济的理论研究，宣传生态工程的技术措施，应该是当前一项迫切任务。

5. 强化生态环境管理意识和措施。建立健全综合性生态环境与资源管理的立法，对全国生态环境进行评价与监测，施行灾害保险，进行生态经济成本效益核算等都需要加强。特别是我国在发展市场经济中，常常伴生破坏生态环境的经济短期行为，上述各项工作就更加紧迫了。美国资源环境研究所勃布·罗宾逊在1992年8月"90年代中国农业发展"国际会议上的发言提出："市场经济并不能成功地保护环境，政府的干预是必要的。"也就是说在生态环境的保护与管理等方面市场往往无能为力或有缺陷，在这方面我们不能完全以市场为导向，必须加强政府的行政管理。在当前提出建设社会主义市场经济新体制的时候，尤其要注意这一点。

四、再接再厉，为生态经济学的理论与实践发展而努力

中国对"环境与发展"理论问题的研究比国际晚了10年，但

我们有自己的特点和新的创造。20世纪80年代初，瑞典的一个环境问题代表团就认为，中国在环境理论知识方面达到令人印象深刻的程度，而在环境控制的实际措施方面还处在第二次世界大战以前的水平上，这个批评值得我们深思。1990年4月22日宋健同志在论"经济建设与生态建设协调发展"时指出："我国70年代后期，马世俊、许涤新、侯学煜、王战等一批著名科学家就开始结合国情，以生态学原理为基础，经济学理论为主导，围绕人类经济活动与自然生态之间相互发展的关系，研究生态经济复合系统，寻求生态系统和经济系统相互适应与协调发展的途径。"中国生态经济学会第一任理事长许涤新同志，1982年6月在他著的《中国社会主义经济发展中的问题》一书中专篇阐述"人口问题与生态经济学的问题"，他指出："人类的生存和发展，是不可能离开这个环境系统的。我们的社会主义生产和社会主义建设，也是不可能离开这个环境系统的。""在生态平衡与经济平衡之间，主导的一面，一般说，应该是前者，因为生态平衡如果受到破坏，这种破坏的损失，就要落在经济的身上。""生态经济学要求我们在社会主义生产和社会主义建设中不仅要从经济方面看问题，而且要从生态系统与环境系统的相互关系出发处理问题。这就是说，生产建设必须从长远打算，不仅为了当前的利益而且也为长远的利益。生态学要求我们合理利用生物资源，必须保持生物的基本数量及一定年龄和性别的比例……希望以较低的资源耗费，长期取得最大的经济效益。"原副理事长马世俊先生，不仅是世界环境与发展委员会的委员，为编写《我们共同的未来》做出了贡献，而且创造性地著述了《中国的生态农业工程》。原副理事长侯学煜，经过长期调查实践，著述了《生态学与大农业发展》，提出生态经济学的理论在农业中实践的方法，推动了农业综合生产力的提高。在老一辈生态经济学家的带动指引下，近十年来，许多同志在报刊上发表了很多论文，并且出版了《生态经济学》《生态经济学原理》《理论生态经济学若干问题研究》《生态经济理论与方法》《农业生态经济学》《森林生态经济问题研究》《渔业生态经济学概论》《城市生态经济学》等数十种理论专著。今天可以说生态经济学的学科体系已经形成。中国生态经济学会在全体理事的共同努力之下，形成了符合中国情况的生态经济学，已经屹立在世界生态经济与环境发展问题研究之林。

　　近年来在我国社会经济发展中，生态经济学原理已经得到初步的普及，"应用生态经济学原理"已经常见于农业、林业、水利等部门的文件与报告之中。运用生态经济学原理所形成的生态农业、生态林业发展迅速、效益显著。各种好典型不断涌现，而且各类地区都有，影响也愈来愈大。1991年5月在河北迁安召开的"全国生态农业、林业县建设经验交流会"，又标志着生态农林业步入了按经济与生态协调发展的方针进行区域社会经济发展的新阶段。近年来我学会的城市生态经济研究会、理论研究会、青年研究会、农村研究会均召开了专题学术讨论会，对城市、林业的生态经济协调发展均有所推动。

略论社会主义市场经济[*]

（1992年10月26日）

　　中共十四大明确提出了我国经济体制改革的目标，是建立社会主义市场经济体制。这项决定具有重大的理论意义和实践意义。它既是对于我国社会主义经济理论认识进一步深化的结果，也是我国社会主义经济改革实践进一步发展的要求。

认识深化的结果

　　我国实行改革开放以来，不断地探索经济体制的目标模式，其核心问题是如何正确认识和处理计划与市场的关系。过去很长一段时间里，传统观念认为，以公有制为基础的社会主义经济，只能是计划经济，不能是商品经济，更不用说市场经济了。那时认为，商品经济只能以私有制为基础，市场经济属于资本主义的经济范畴。当然，在实践中，社会主义国家在实行计划经济的前提下，也允许某些商品和市场的存在，但商品只限于不同所有制之间的交换，市场只能存在于计划经济的缝隙之中，作为它的补充。我国在改革前也是这样，比如大计划、小自由，容许集市贸易，允许三类商品上市，等等。但总的看，是严格限制市场的范围和作用，理论上否定商品经济和市场经济的存在。这种情况，改革开放后开始松动，到了1984年中共十二届三中全会，才在总

　　*　原载《人民日报》。

结实践经验的基础上，第一次明确提出社会主义经济是公有制基础上的有计划的商品经济。这是在计划与市场问题上，社会主义经济理论的一次重大突破，它对此后我国以市场为取向的改革实践，起了积极的推动作用。

但是，在有计划的商品经济理论提出来后，人们的理解并不一致。对于"有计划的商品经济"这一命题，有些同志强调"有计划的"这一面，继续认为计划经济是社会主义经济的一个本质特征。另一些同志则强调"商品经济"那一面，认为商品经济才是同公有制和按劳分配并列的社会主义经济的本质特征。大家都同意计划与市场要结合，但有的同志认为计划是主体，市场是补充；有的同志则认为市场调节是第一性的，计划调节是第二性的。在处理计划与市场关系的实践中，则因形势变化，有时偏向市场方面，有时则强调集中计划。这种认识上的莫衷一是和实践上的来回摆动，表明我们在计划与市场问题上，尽管是在摸索中不断前进，但毕竟还有难解的疑窦，需要继续努力解开。

这个问题之所以成为一个难点，还在于它往往不容易摆脱意识形态上的敏感问题。不仅我们自己，过去曾经长期把计划经济和市场经济归诸社会制度的范畴。就拿西方经济学者来说，他们也往往把市场经济等同于资本主义，把"中央计划经济"等同于社会主义。我们一方面受到自己的传统观念惯性的束缚，另一方面又不自觉地借用西方观念来收紧这条束缚的绳索。殊不知某些西方学者这样做的目的，在于用市场经济的一般特征来掩盖资本主义经济的剥削实质。基于这样的思想背景，即使在承认了社会主义商品经济概念以后一段时间中，人们对市场仍有担忧，生怕市场搞多了会导致资本主义，因而难以摆脱把计划经济和市场经济作为社会基本制度范畴来看待的思想束缚，这又阻碍了人们认识市场机制在优化资源配置中的不可替代的作用，以致对改革的"市场取向"发生疑虑，从而在改革的实践中迈不开大步。

正是针对上述思想疑窦和难题，邓小平同志在1992年年初视察南方的谈话中，对计划与市场问题再次发表了精辟的见解。早在1979年11月26日，邓小平同志就说过："社会主义为什么不可以搞市场经济？"1985年在一次谈话中，他重申了这个意见。这次谈话，他又进一步作了深刻的阐述。邓小平同志指出：计划经济不等于社会主义，资本主义也有计划，市场经济不等于资本主义，社会主义也有市场，计划和市场都是经济手段，计划多一点还是市场多一点不是社会主义与资本主义的本质区别。这一科学论断，从根本上破除了把计划经济和市场经济看作是社会基本制度的传统观念，诊治了我们在市场和市场经济问题上常犯的"恐资病"，启发了人们重新思考把社会主义市场经济体制作为经济改革的目标模式。中共十四大对此做出了明确肯定的决定，这是继20世纪80年代初提出"有计划的商品经济"理论之后，在计划和市场关系问题上的又一次思想大解放，是社会主义经济理论的又一次重大突破。

实践发展的要求

在经济发展史中，市场经济先于计划经济。市场经济是商品经济高度发展的产物，它要求各种社会经济资源能够在统一的国内市场中自由流动，得到有效的配置，并能伸向国际市场。近代市场经济形成后，促进了资本主义经济的大发展，但同时资本主义的内在矛盾也激化起来。市场经济发展到19世纪初，周期性经济危机开始出现，造成工厂倒闭、工人失业等社会灾难，此后愈演愈烈。针对市场经济的这一重大弊病，各国政府采取了两种不同的经济对策，走了两条不同的路子。

一条路子是，19世纪中叶后，科学社会主义者提出了有计划发展经济的思路和计划经济的设想。这一设想于20世纪初俄国十月革命后开始实施，第二次世界大战后，又在一些社会主义国家得到推广。实行计划经济的国家，既有成功的经验，也有失败的教训。实践证明，在经济发展水平较低，建设规模较小，经济结构比较简单，发展目标也比较单纯、集中（如对付战争、危机、灾害及解决温饱等）的条件下，以及在封闭或半封闭的情况下，计划经济比较好搞，也比较成功。但是随着经济发展规模扩大，经济结构复杂化，发展目标多元化，人民生活要求提高，以及对外经济关系越来越开放，计划经济本身管得过死、难以调动积极性的弊病逐渐显露出来，这导致了经济效益和增长速度下降，特别是难以解决物资匮乏和消费品不足等问题。为了进一步解放和发展社会生产力，对传统计划经济进行根本改革的任务，便提到社会主义者的面前。

另一条路子是，西方资本主义国家从19世纪后半叶开始，寻找在市场经济的框架下治疗市场经济弊病的办法。特别是20世纪30年代大危机后，出现了以美国罗斯福"新政"为代表的政府对经济的干预和以英国凯恩斯的《通论》为代表的宏观经济管理理论。这一理论在第二次世界大战后为西方各国普遍接受，各国政府通过财政、货币政策等手段对经济实行宏观调节，一些国家还搞了指导性计划，不少国家实行了社会福利政策。由于这些国家以私有制为主体的市场经济基础框架未变，故不可能完全摆脱资本主义基本矛盾的困扰。但上述宏观调控和社会福利政策的实施，使周期性经济危机和社会阶级对抗有所缓和。再加上战后几次强劲的科技革新浪潮，现代资本主义不仅能够"垂而不死"，而且还有相当的生机和活力。

从上述可知，计划经济和市场经济在不同的历史时期和条件下，都各有成功和失败的经历。但从总体效率来看，现代市场经济已被证明是比传统的计划经济更为有效的经济运行机制。这一客观现实终于成为导致东西格局变化的重要原因之一。

我国新中国成立以来实行计划经济，在第一个五年计划时期，曾取得成功，使我国初步建成以重工业为中心和以三线建设为重点的工业体系和国民经济体系。但我国在实行计划经济的过程中也曾出现过比例失调、大起大落的现象；物资匮乏、效率上不去，也曾经成为我国经济生活中的难治之症。党的十一届三中全会以来，针对这些问题，我们及时采取了以市场为取向的改革步骤。十多年来，我国经济改革所带来的变化，包括所有制结构的多元化，经济主体（企业）的市场化，市场体系的培育，政府对经济管理的逐步间接化（即通过市场管理），等等，这些变化处处表现为市场取向改革不断扩大、不断深入的过程。事实证明，市场取向的改革越是深入的地方、部门、成分和企业，那里的经济活力就越大，发展速度就越快。为什么我国东南沿海地区这十多年发展得比全国快，而同为沿海，广东又比上海发展得更快呢？为什么经济实力最强的国有大中型企业发展得又不如非国有制经济成分呢？市场取向的改革进展程度不同，这是一个很重要的原因。从全国来看，改革十多年来，国家整体经济实力大大增强了，市场物资空前丰富了，人民生活水平显著提高了，工农群众衷心拥护党，支持稳定，这是前几年我国在严峻考验中能够巍然屹立的一个重要原因。这也从一个方面表明，中国选择以市场为取向的改革道路，是明智的。

20世纪80年代，我国经济已经跨上了一个大台阶。90年代，我们要抓紧有利时机，在优化产业结构、提高质量效益和保持稳步协调的基础上，加快发展。我们还要进一步扩大开放，恢复我国在国际关贸总协定中的地位，大踏步地走向国际市场，参与国际竞争。所有这些，都迫切要求我们更加重视和发挥市场在资源配置中的主导作用，要求我们明确推出社会主义市场经济体制作为我国经济改革的目标。我们要在社会主义市场经济体制的基础上，把计划和市场这两种资源配置的方式和手段很好地结合起来，凡是市场能够解决好的，就让市场去解决；市场管不了，或者管不好的，就由政府用计划来管。现代市场经济不仅不排斥政府对经济的宏观调控和计划指导，而且必须借助和依靠它们来弥补市场自身的缺陷。当然，这种计划调控也不是传统的以行政指令型为主的计划，而是适应市场经济规划要求的、主要是政策性和指导性的计划，并且不排除对国民经济某些关键部门必要的行政指令的管理。

一般共性和制度特征

我们要建立的社会主义市场经济体制，也就是在社会主义制度条件下的市场经济体制，既具有市场经济本身的一般共性，又具有社会主义制度的基本特征。

市场经济是以市场作为资源配置的基础性方式和主要手段的经济，它是一切商品生产发达到社会化大生产阶段所客观必需的资源配置方法，基本上不依存于社会制度的性质。小平同志指出"社会主义市场经济方法上基本和资本主义社会相似"，也是就市场经济本身通行的共性东西而言的。当然，市场经济在资本主义制度条件下也有某些资本主义制度的基本特征，如私有制为基础，攫取利润为唯一目标，以及由此滋生的资本主义种种弊病，这是我们不能盲目去学的。除此之外，资本主义市场经济运行的规则、形式、手段、方法，等等，我们都可以借鉴，拿来为我所用。

那么，市场经济的一般共性是什么？我以为主要有以下几点：（1）企业是市场的法人主体，不论是何种所有制、具有何种法人地位的企业，都应能够自主决策、自主经营、自负盈亏。（2）各种产品、服务、货币以及包括资本、劳动力等在内的生产要素，都能够依据价格成本的有利性，自由流动；其供给和需求自由适应，形成均衡价格。（3）通过价格等灵敏的市场信号和优胜劣汰的竞争机制，对市场主体——企业，形成经常的动力和压力，使资源得到有效的配置，最大限度地满足各种社会需求。（4）由于市场结构本身难以达到完全竞争和提供完全的信息，而市场调节本身又具有自发性和后发性的特征，市场经济仅靠自身的运转，难以避免周期性经济危机，难以实现长期经济稳定，难以防止两极分化，难以应付生态、环境和资源保护等对未来的重大挑战问题。所以，现代市场经济为弥补市场机制的这些缺陷，必须由政府对经济的宏观管理和计划调控，来干预市场的运行。毫无疑问，市场经济的上述一般共性的东西，对社会主义市场经济也是适用的。

社会主义市场经济除了具有与资本主义市场经济相同的共性以外，还具有不同于资本主义市场经济的特点，这些特点是由社会主义制度的基本特征决定的。我国社会主义制度的基本特征是什么呢？从政治制度上说，最重要的是共产党和人民政府的领导。这个政权从总体上说不是为某些集团或个人谋私利，而是以为全体人民服务为宗旨的。在基本经济制度上，所有制结构是以公有制（包括国有制和集体所有制）为主体，个体、私营、外资经济为补充，不同所有制可用不同形式组合经营，各种经济成分和经营形式的企业都进入市场，平等竞争，共同发展。国有经济的主导作用，要通过市场竞争来实现。与所有制结构相适应，社会主义的分配制度以按劳分配为主体，按其他生产要素分配为补充，兼顾效率与公平，运用市场机制合理拉开差距，刺激效率，同时运用多种调节手段，防止两极分化，逐步实现共同富裕。社会主义制度的这些基本特征，不能不对市场经济的运转产生重要的影响。由于有共产党的领导，有公有制为基础，有共同富裕为目标，社会主义条件下的市场经济在处理整体与局部利益、长期与近期利益的关系上，在处理计划与市场、微观放活与宏观协调的关系上，以及在刺激经济效率和实现社会公正的关系等方面，应当也能够比资本主义市场经济更有成效，做得更好。这样，社会主义市场经济机制的运行也将会呈现较多的自觉性和计划性。当然，任何事物都是有两面性的。社会主义市场经济机制的运行中力度较强的国家自觉调节，虽然有利于减少市场本身的缺陷，但也可能由于计划调控失误或宏观调控力度不当而产生新的问题。所以社会主义市场经济的特点，既为我们发展经济提供了一定的优越性，又要求我们更深入地认识和把握市场经济的规律。

建立社会主义市场经济的体制是一项非常复杂的社会系统工程，包括许多相互联系的重要方面的改革，需要做长期艰苦细致的工作。它要求我们全党、全民及社会各个方面，在过去十多年市场取向改革已经取得成就的基础上，继续大胆探索，勇于试验，及时总结经验，把我国经济体制的转换顺利推向前进，这样可以大大促进有中国特色的社会主义建设的进程，使我国经济发展的第二个、第三个战略目标提前实现。

十四大是一座里程碑*

——在首都理论界人士座谈会上的发言

（1992年10月26日）

中共十四大是一座特别重要的里程碑。这次会议有两点贡献很突出：一是把坚持邓小平有中国特色的社会主义理论以及以这个理论指导下的基本路线不动摇写进了党章，并以这个理论来武装全党。这是一件大事情，可以与七大把毛泽东思想确立为全党的指导思想相类比。七大的路线引导我们推翻了三座大山，取得了民主革命的胜利，开始了社会主义建设；现在，在邓小平有中国特色的社会主义理论和基本路线的指引下，我们经过十四年奋斗，取得了经济建设与改革开放的巨大成果，这证明了这个理论和基本路线的正确，它对巩固社会主义成果，发挥社会主义优越性，是极其有效的。现在以党的全国代表大会的决议肯定下来，对今后的现代化建设将会起不可估量的作用。

二是社会主义市场经济理论的成果，这是继1984年提出社会主义有计划商品经济理论以后的政治经济学理论的又一次突破。1984年提出社会主义商品经济理论，破除了那种将社会主义与商品经济相对立的传统观点束缚，对20世纪80年代改革开放，特别是以市场取向的改革进展有巨大的推动作用。经过十几年的改革开放，我们对社会主义本质有了更进一步的认识，改革开放的发

---

    * 原载1992年10月31日《文汇报》。

展又对理论有了新的要求，这就推动我们提出了社会主义市场经济理论，并将社会主义市场经济体制作为我们改革的目标模式，这又是一次重大的突破。这对完成我们90年代的改革开放以及实现第二步战略任务，进入21世纪，建立完善的新体制，进一步实现第三步战略目标，具有极其重大的历史意义。

另外，我还要谈点想法，就是我们理论界特别是经济理论界在学习、宣传、贯彻十四大精神的过程中，有三个方面是应该注意做到的。

第一，热情地、很好地宣传社会主义市场经济理论。社会主义市场经济理论涉及很多新概念、新范畴、新问题，不少是过去没有接触过的或脑子里没解决的问题。比如，为什么要把社会主义商品经济变成社会主义市场经济？为什么"计划经济"要变成"市场经济"？市场经济既然不姓"资"不姓"社"，为什么叫"社会主义市场经济"？社会主义市场经济与资本主义市场经济究竟有什么不同？等等。可能有的经济学家认为这些问题已解决，如果是这样，那么应该更好地向大家宣传解释，使大家更好地理解这次提出社会主义市场经济的重要含义。另一方面，我们还不能说对提出社会主义市场经济的深远的理论和实践意义已经十分明白，我们每一个人都不同程度地有一个继续"换脑筋"的任务。因为我们包括我自己在内，都曾长期受到传统观点的影响和束缚，曾经在这一方面或那一方面或多或少有跟不上形势的地方。所以我们首先自己要深入学习，在这个基础上，做好宣传与交流工作。

第二，社会主义市场经济体制改革目标提出来以后，涉及改革各个方面的深化，怎样使各方面改革按照市场经济方向的要求来做，需要我们积极探索。比如所有制结构，在计划经济下的所有制结构同在市场经济下的所有制结构显然不同。公有制为主体的含义和做法也会有变化和发展。我国的国有企业会从行政依附下走向市场，要在市场竞争中而不是在行政辅翼下起到"主导"作用。诸如此类的问题，需要我们去进一步深刻研究所有制方面的改革与市场机制方面的改革。宏观调控的探索同样十分紧迫，十分重要。现代市场经济必须要有宏观调控，而这种调控当然不同于过去计划经济下的调控，过去是以行政的、直接的、指令的调控为主，今后主要通过市场要求、价值规律来调控，这涉及政府职能的转变，涉及财政、信贷、税收、金融的变化。市场经济下的政府职能大大简化了，或是说管微观的职能大大简化，管宏观的还要加强，总的说要精简机构，面向规划、协调、服务与监督。以上种种，都需要理论界进行深入的探索研究。

第三，理论界在探索经济体制改革的理论与对策过程中要加强团结。一方面要争鸣，另一方面要团结，在改革开放的时代这种团结更重要。在计划与市场问题上有过许多不同的意见，我以为，这些不同意见互相交锋、交流、讨论，应该成为我们前进过程中认识深化的不可少的东西。认识有先有后，在这个问题上这个人可能早一些，在那个问题上那个人可能早一些，探索、争论过程中应该对观点不对人。对商品经济、市场经济的认识，我也有一个深化的过程，也不是"一贯正确"。只有经过讨论、切磋，才能达到更高水平的认识。把讨论、切磋当作总结经验、共同提高的过程，这样才能达到团结。当然，有些原则问题上的交锋还是需要的。总之，经济学界一方面要百家争鸣，另一方面要有团结的气氛，为我们的改革开放事业从理论上做出更大贡献。

加快社会主义市场经济体制的建设*

（1992年11月）

　　我国经济体制改革的目标，经过十多年的探索，现在已经明确是建立社会主义市场经济的体制。我们对计划经济、商品经济与市场经济的认识，有一个发展过程。过去很长一段时期，人们认为，计划经济是以公有制为基础的社会主义经济的本质特征，而商品经济、市场经济则是以私有制为基础的，或者是资本主义的东西。这一传统观念，到中共十一届三中全会宣布改革以后开始变化。随着改革开放的深入，我们对计划、市场问题的认识，也在逐步深化。

有计划的商品经济与社会主义市场经济

　　1984年，中共十二届三中全会提出了社会主义经济是公有制基础上有计划的商品经济，这是社会主义经济理论的一个重大突破。考虑到马克思、恩格斯等经典作家曾设想未来的社会主义将不再有商品生产，以及几十年来社会主义实践中长期排斥市场这样一个历史背景，中共十二届三中全会关于社会主义有计划商品经济的新论断，可以说是具有划时代意义的。1987年党的十三大又把有计划的商品经济体制进一步定义为计划与市场内在统一的体制。正是由于理论观念上的这些突破和发展，20世纪80年代我

---

* 原载《求是》1992年第22期。

国在所有制结构（和企业机制）改革、市场机制的培育和改革以及宏观管理体制改革三个方面有了比较大的进展。有计划商品经济理论对于我国市场取向改革的推动作用，是毋庸置疑的。

但是，在有计划商品经济的理论提出来之后，对于究竟什么是有计划的商品经济，人们的理解，包括经济理论界的认识，还是很不一致的。对于"有计划的商品经济"这一命题，有的同志强调"商品经济"的一面，认为商品经济是社会主义经济的本质特征；有的同志则强调"有计划的"一面，继续认为计划经济是社会主义的本质特征。虽然大家都同意计划与市场要结合，但有的人认为计划是主要的，市场是补充的；有的人则强调市场调节是第一性的，计划调节是第二性的。实践中处理计划与市场的关系，因形势变化而有不同，有时偏重于市场，有时则强调计划。由于担心市场搞多了会引向资本主义，所以对改革的"市场取向"，往往发生疑虑，致使改革迈不开大步。这种情况，同我们过去设想的改革目标模式中，没有明确展示计划与市场何者是资源配置的基础性或主导性方式，很有关系。而"有计划商品经济"的概念，解决不了这个有争论的问题。

如何把社会可以掌握、利用的资金、劳力、物资以及土地等有限资源，有效地配置到社会需要的众多领域、部门、产品和劳务的生产上去，以最大限度地满足社会需求，这是社会经济生活最核心最要紧的问题。在现代化的社会生产中，资源配置一般有两种方式：一种是市场方式，一种是计划方式。以计划作为资源配置的主要方式的经济，就叫计划经济；以市场作为主要配置方式的经济，就叫市场经济。近代世界经济发展的经验，特别是我国改革十多年来的实践充分证明，市场是资源配置的比较有效的方式，市场机制能够通过供求变化、价格信号和竞争功能，较好地促使资源从效率较低的地方、部门和企业流向效率较高的地方、部门和企业。改革十多年来我国东南沿海地区发展得比全国快，而沿海地区的广东又比其他地区（如上海）发展得快，主要原因之一就是市场取向改革的深度不同。因此，进一步把市场取向的改革向广度和深度推进，进一步发挥市场机制的作用，用以市场机制为基础、为主导的资源配置方式，取代以行政命令、集中计划为主的资源配置方式，就成了我国20世纪90年代经济体制改革的实质和方向。建立和发展社会主义市场经济的体制这一必然趋势，已被历史无可选择地推到了我们的面前。

　　应该指出，发展社会主义市场经济不是对发展有计划的商品经济的否定，而恰恰是发展社会主义商品经济的逻辑延伸。众所周知，商品经济就是商品生产和交换的总和。市场是商品经济的伴生物，哪里有商品生产和交换，哪里就有市场。而市场经济是商品经济的一种比较充分发展的现象形态，商品经济发展到一定阶段、一定高度，就需要一个统一的市场并通过市场在全社会范围内进行资源配置，这就形成了市场经济。我国的有计划的商品经济，也不能始终停留在政企不分、条块分割、信号扭曲，又难以同国际市场灵活对接的商品经济发展的初级阶段上，而要向着形成统一的开放的国内市场，并适应国际市场通行做法的社会主义市场经济体制方向迈进，这是一个合乎逻辑的自然发展过程。发达的商品经济同市场经济是难以分离的，所以，那种认为可以发展商品经济而不可以搞市场经济的观点，是很难成立的。

　　有的同志会说，既然"商品经济"就是"市场经济"，那么现在从"商品经济"的提法过渡到"市场经济"，只换了两个字，有什么实质性意义呢？从上面的分析可知，商品经济与市场经济并不完全相等。并不是所有的商品经济都是市场经济，只有发达的商品经济才能形成市场经济。还有，"商品经济"的对应面是"自然经济"和"产品经济"，讲的是社会分工体系中人们行为交换是否具有商品性和等价补偿的内容。而"市场经济"的对应面则是"计划经济"，强调的是社会资源配置的基础性方式。所以，从"商品经济"过渡到"市场经济"，提出建立社会主义市场经济的体制，就是要通过改革，使市场机制逐步替代行政计划，成为资源配置的基础性方式。

社会主义市场经济与资本主义市场经济

市场作为配置资源、调节经济的有效手段，是建立在社会化大生产基础上的商品生产发展所客观需要的，其本身并不带有不同社会制度的性质。邓小平同志曾明确指出："社会主义市场经济方法上基本上和资本主义社会相似。"这就告诉我们，对于资本主义国家市场经济运行中的规则、形式、手段、方法等，我们都可以学习，大胆借鉴、引进和吸收。

这也就是说，社会主义市场经济同资本主义市场经济一样，也应具有市场经济的一般的基本特征。比如：一切经济活动都直接或间接地处于市场关系覆盖中，市场是推动生产要素流动和促进资源优化配置的基础性方式和手段；市场的运作是通过价值规律的作用、供求关系的变化和竞争机制的功能来实现；参与市场的主体（主要是各类企业）都是能够自主经营、自负盈亏、自我发展、自我约束的法人实体；政府通过各种政策、经济杠杆对市场并通过市场对企业进行调节；此外，还要有健全、完善的市场体系，科学、严密的市场法规，以及反应灵敏的市场信号，等等。

同时，社会主义市场经济要体现社会主义制度的特征和我国国情特色，因而，它与资本主义国家的市场经济存在着差异。社会主义制度最明显的特征，在政治制度上是共产党、是人民政权的领导。这个政权从总体上说不是为某些集团和个人谋求私利的，而是以为全体人民的利益服务为宗旨的。在基本经济制度上，社会主义所有制结构是以公有制为主体，非公有制成分为补充，不同所有制形式可以用不同方式组合经营，多种经济成分和经营形式的企业都进入市场，平等竞争，共同发展。与所有制结构相适应，社会主义分配制度是以按劳分配为主体，其他分配方式为补充，兼顾效率与公平。运用市场机制，合理拉开差距，以刺激效率；同时运用各种调节手段，防止两极分化，逐步实现共同富裕。由于有共产党的领导，有公有制为基础，有共同富裕的目标，社会主义市场经济有可能自觉地从社会整体利益与局部利益相结合出发，在处理计划与市场的关系、微观放活与宏观协调的关系以及刺激经济效率与实现社会公正的关系等方面，应当而且能够比资本主义国家的市场经济做得更好，更有成效。

这里有必要说明的是，尽管传统的高度集中的计划经济由于难以适应复杂多变、利益多元的现代化经济，因而把计划作为配置资源的主要手段和微观生产经营决策的主要依据，在实际经济运行中会遇到许多矛盾和困扰。但必须指出，作为资源配置手段的市场，它自身也具有自发性、盲目性和调节的事后性等缺陷以及由此带来的诸多弊端。因此，政府对经济的宏观调控和计划指导是必不可少的，不但不能忽视，而且还要通过改革来加强它们。然而，改革后的"计划"即市场经济中的"计划"，已不是传统计划经济体制下以行政命令、指标切块下达为主的指令性计划，而是一种导向性、政策性计划，是政府利用价值规律，通过对市场的调节，以市场为中介对经济进行引导的手段。当然，对少数自然垄断性和公益性较强的环节还要保留直接的行政管理，但总的来说，政府对于经济的计划调控是以市场作为资源配置的基础性方式为前提的。

可以认为，社会主义市场经济是在充分吸收计划和市场二者的长处的基础上，对传统的计划经济和建立在私有制基础上的资本主义市场经济的一种扬弃。

抓住时机，深化市场取向改革，为建立社会主义市场经济体制奠定基础

十多年来的市场取向改革，使我国经济运行机制发生了明显变化，市场机制的作用越来越显著，促进了我国经济的迅速发展。过去短缺而萧条的市场开始变得繁荣而活跃起来，城乡居民生活获得了新中国成立以来少有的改善和提高。改革以来的实践还证明，哪一个地区、部门和企业的市场取向程度越大，同市场联系越紧密，其活力也就越大，经济效益也就越高，发展也就越快。相反，我国经济运行中存在的一些深层的问题，如经济结构难以调整、经济效益低下、资源浪费严重等，又都同企业、劳动力等不能完全进入市场，市场机制作用力度不够息息相关。因此，要消除经济运行中的深层障碍，为建立社会主义市场经济打下坚实的基础，我们必须抓住当前的有利时机，继续推进有宏观调控和计划指导的市场取向的改革。

首先，要抓好企业机制的改革，特别是转换国有大中型企业的经营机制，采取不同方式理顺产权关系，实现政企分开，把企业推向市场，使企业真正成为自主经营、自负盈亏、自我发展和自我约束的法人实体和市场竞争主体。要有步骤有秩序地推广股份制，鼓励有条件的企业建立企业集团。大量的小型国有工商企业，可以租赁或拍卖给集体或个人经营。

其次，要下大力气培育市场，健全市场体系。不仅要发展消费品市场和生产资料市场，而且要培育资金、劳务、技术、信息、房地产等各种要素市场。要坚决打破条条块块的分割、封锁和垄断，尽快形成全国统一的开放的市场体系。特别要加快价格改革步伐，尽快建立能够灵敏反映资源的稀缺程度和正确发挥资源配置导向的、以市场形成价格为主体的价格信号系统。还要建

立一套规范而科学的市场规则和管理制度。

再次，改革宏观管理体制。建立适应于市场经济要求的、行之有效的宏观经济调控体制，关键在于精简政府机构，切实转变政府管理经济的职能。不在这方面取得实质性的进展，企业改革、市场改革和其他方面以建立社会主义市场经济体制为导向的改革都难以真正深入。政府对企业的直接干预要改革为通过市场运用经济政策和杠杆进行间接调控，并且要重点地做好规划、协调、服务和监督工作。在市场经济条件下，金融间接调控将成为宏观经济调控的主要手段。为此，要进一步强化中央银行的独立性，并扩大其在实施货币政策和调节信用上的自主权；继续推进专业银行企业化；稳定发展包括各种证券市场在内的金融市场。在财政体制改革方面，要进一步完善复式预算制度，深化分税制改革，建立符合兼顾财政收入和经济调控的科学的税收制度。还要更新计划观念，改革计划体制和投资体制，真正形成以产业政策为指导、以企业投资为主体的多元化投资格局。通过上述改革的深化，进一步加强和完善财政政策、货币政策、产业政策和收入政策在宏观调控中的作用。

除此之外，建立和健全社会保障制度，制定和完善加强宏观经济管理、规范微观经济行为的法律和法规，等等，都是推进市场取向的改革和建立社会主义市场经济体制所必不可少的，必须抓紧进行。总之，建立社会主义市场经济体制是一项复杂艰巨的社会系统工程，需要我们做好总体规划，分步实施，进行长期的艰苦细致的工作。我们相信，社会主义市场经济体制的逐步形成，必将大大提高我国资源配置和整个经济工作的效率，从而加快我国现代化战略目标的实现。

论我国市场经济发展中的宏观调控与政府职能*

（1992年11月18日）

中共十四大明确提出："我国经济体制改革的目标是建立社会主义市场经济体制。"（江泽民，1992）以邓小平1992年春南方谈话和秋季召开的中共十四大为标志，我国目前已进入了一个全面推进市场化改革的新时期。这个新时期的一个基本主题，就是建立和完善社会主义市场经济体制，进一步解放和发展生产力。在我国市场经济迅速发展的条件下，如何对传统的和现存的不适应社会主义市场经济发展要求的宏观管理体制、宏观调控目标、模式进行更深入的改革，如何通过这种改革实现政府职能的转换，如何在保证市场充当资源有效配置的主角的同时，通过市场实现国家对国民经济运行的宏观调控，并在这个过程中实现我国经济的长期、持续、稳定、协调的高速发展，所有这些问题，都是在理论和实践上亟待解决的重大问题。我们经过认真深入的研究讨论，初步形成了下述看法。

---

* 中国社会科学院经济学科片形势分析小组的研究成果。课题主持人：刘国光；小组负责人：张卓元。参加讨论和研究的有刘国光、张卓元、戴国晨、张曙光、刘溶沧、樊钢、陈东琪、刘世锦、刘迎秋。执笔人：戴国晨、刘迎秋。

一、背景和现状分析

1. 当代世界经济发展的历史表明，任何社会制度下的经济运行都丝毫离不开市场在国家宏观调控下对资源配置所具有的不可替代的基础作用。20世纪30年代大危机之后，尽管凯恩斯主义取代了古典的"看不见的手"的理论和政策，但是，不管是自1947年以来坚持连续实行五年计划的法国，还是自1956年开始实行五年计划并以"十年倍增计划"著称于世的日本，抑或是自1962年以来借助"政府主导下的计划方式"而成为亚洲一强的南朝鲜（M.博恩斯坦，1987），或者是自罗斯福"新政"以来从未放弃国家宏观干预的美国，其宏观调控的微观基础始终是市场，其经济由以取得成功的法宝也始终是坚持市场对资源实现有效配置的基础作用（国家体改委国外体制局，1988）。我国以及其他一些社会主义国家曾经错误地照搬斯大林"高度集权"模式，片面强调国家的作用，忽视甚至否认市场和市场经济，结果是使社会主义应有的优越性受到限制，国民经济应有的发展受到损害，最终被逼上了改革之路。改革以来的实践证明，现代市场经济是比传统计划经济更有效的经济运行机制，传统计划经济敌不过现代市场经济的根本之点在于它否定市场配置资源的基础作用。也正是这个客观事实，最终才成为导致东欧剧变、苏联解体的重要因素之一（刘国光，1992）。而我国近十四年来经济发展和体制转换的成就，关键的一点也恰在于长期坚持了市场取向的改革。资本主义有计划，社会主义有市场，是当代世界经济发展的总趋势。社会主义经济只能是有宏观调控的市场经济（Market-orented Econmy）。

2. 中共十四大明确提出在社会主义经济发展中让市场充当合理、有效配置资源的主角，标志着我国经济体制改革进入了一个新的历史阶段。从广义角度看，有宏观调控就是有计划的调节。但是，"计划"（Planing）不等于"命令"（Commanding）。从已经发生过的历史事实来看，人们曾经对计划的含义做出过极不相同的理解，有过极不同的实践。例如，有的将其理解为集中控制和指令干预，有的则将其理解为给企业制定详细的指标，有的还将其理解为公共开支方案，有的又将其理解为指示性或指导性的目标或规划。然而大量的实践证明，就如同市场本身固有的内在缺陷和弱点，因而在许多情况下，常常产生市场失灵一样，任何把"计划"等同于"命令"的理论与实践，也必须导致"计划失灵"，甚至给经济运行造成更严重的损失。实践使人们逐渐认识到，计划只是有关未来行动的方案（M.博恩斯坦，1987），也就是国家依据市场和价值规律的宏观政策调节（江泽民，1992）。自中共十一届三中全会开始，我国的改革就一直是朝着这个方向发展的（尽管中间也曾出现过波折）。到邓小平南方谈话和中共十四大，在理论和实践上正确地纠正了把市场置于仅仅对计划起补充、辅助、配角的地位的偏差，确立了市场的基础、导向、主角地位。这不仅是我国体制改革目标模式的重大转变，而且标志着我国经济体制的变革已经进入了一个新的历史阶段。

3. 从传统的计划经济转向市场经济以后仍然需要国家对宏观经济活动的管理。"市场万能论"和"计划万能论"，在当代经济条件下，都是片面的、形而上学的。资本主义市场经济是有国家宏观管理的。因此，其经济发展和增长中的波动与震荡，在第二次世界大战，特别是近几十年来，才出现了缓解和收敛的趋势。社会主义市场经济也只能是有国家宏观管理的。只不过这种管理不再采取传统计划指令的方式罢了。

4. 社会主义市场经济条件下如何进行宏观经济管理，是我国经济发展与改革面临的一项新课题。传统体制下的宏观管理是一种高度集权、依靠行政指令进行的管理，国家对国民经济进行宏观管理的过程，实际上是一种政府实现过程。如果在向市场经济转换过程中继续沿用那一套老办法进行宏观管理与调控，很可能导致把传统的集中的计划指令和行政管制方式从前门赶出去，又从后门放进来。因为，人们对那一套老办法和机制太熟悉、太习惯、太习以为常了。发展市场经济的关键是政企分开、恢复企业充当市场主体的本来面目、逐步做到政府不再直接干预微观经济运行。这就要求国家对国民经济的宏观管理采取市场实现的方式。如何通过市场实现国家对国民经济的宏观管理与调控，没有现成的模式，照抄、照搬哪一个国家的模式，都与辩证唯物论的认识论背道而驰，不能有效地解决我们中国自己的问题。因此只能从我国实际出发，以市场经济的发展及其内在要求为根据，进行更深入的独立探索。

5. 目前，我国社会主义市场经济体制正在逐渐取代传统体制，旧体制恰处于转换之中，"双重体制并存与胶着状态"仍是一个客观事实。想一蹴而就、"快刀斩乱麻"式地结束这种状态，是不现实的。因为，新旧体制的转换是一个深刻的替代过程。在这个过程中需要一系列的配套改革，其中每项改革都是一项系统工程，只能分步实施、逐渐达到目标。在改革的进程上，过急了不行。这是我国14年改革实践所证明了的。但是过分求稳、步子迟缓，甚至认为社会主义市场经济体制的建立还需要再经过十年乃至几十年的时间，也是一种十分幼稚的错误倾向，具有葬送社会主义的危险。这绝不是危言耸听！因为，人为地拉长体制转换时间，只能保护落后、怂恿懒惰，既加大改革成本又妨碍我国经济的应有发展。因此，我们按照中共十四大明确提出的新的改革纲领，加快改革步伐。宏观调控模式的选择，也必须从短期调节与长期调控两个角度考虑。

6. 当前我国经济发展仍处在二元经济结构迅速向一元经济结构转换的"刘易斯折点"区间。结构状况和结构变动不仅直接影响着我国经济发展的走向，而且还决定着我国经济增长的轨迹，同时又制约着我国的改革和宏观调控的实现方式与政府职能转换的进程。

按不变价格并依据1980年人民币的美元汇率换算，在进入20世纪80年代中期之前的三十多年间，我国人均美元收入的平均增长率很低。进入80年代中期以后，人均收入出现了高增长势头，这是与著名发展经济学家W.刘易斯（W.Arthur Lewis）、H.钱纳里（H.Chenery）、M.赛尔奎因（M.Syrquin）等人从实证分析中得出的结论一致的。我国目前正处于结构高转换率、经济高增长率的阶段，它在客观上要求加速政府职能的转换、改革传统的以及现行的宏观调控方式，加大通过市场实现国家宏观管理的分量。

总之，我国所处的发展阶段、我国面临的国际环境、我国市场经济体制发展过程中旧体制的掣肘及其与经济结构剧烈变动的缠结，是现阶段宏观经济管理和调控必须认真对待的特殊环境和历史背景。机会和挑战并存，希望和困难同在，我们需要在党中央的领导下，解放思想，大胆探索，勇于实践。

二、宏观调控的范围以及政府实现过程与市场实现过程的比较

1. 在市场经济条件下，国家对国民经济进行宏观调控的范围是有界的。这个"界"就在于凡是那些市场可以较好地发挥合理有效配置资源的作用或可以使其能够较好地发挥这种作用的领域，都应划归到国家宏观调控的范围之外（世界银行，1991）。国家需要花大力气紧紧扭住不放的是宏观总量和结构，包括财政政策、货币政策、收入政策、投资政策、外资政策、进出口政策、就业政策、福利政策、公共产品和非公共产品政策、产业政

策以及消费、储蓄、投资等重要总量指标和结构指标。控制论的一个基本原理是"简单有效"。因此，如果在市场经济发展中把宏观调控的范围（注意，不是指宏观管理方式的范围）打得过宽，即使主观愿望再好，也终将抑制微观运行的活力和创造力，阻碍甚至严重损害社会主义市场经济的健康发展。在传统集权体制下，我们已经饱尝了这种理论和实践的苦头。

2. 要深刻理解和把握市场经济条件下宏观调控的有界范围，比较一下宏观调控的政府实现过程和市场实现过程是有益的。

（1）典型的宏观调控的政策实现过程，是传统体制下的那种指令性计划实现过程。在这个过程中，指令性计划是政府用以指导生产、投资、分配、消费的总构架。这种计划必须尽其所能地达到详细、具体、上下串通、永不间断的程度。这种计划的贯彻和实施则必须依靠各级计划人员和政府官员的监督、控制和执行。这就决定了宏观调控的政府实现过程是一种成本极高的过程。第一，单纯凭行政机构进行信息的搜集、整理、筛选、加工，其代价是高昂的。因为，要做到计划指标尽可能详细、具体，这些机构就必须收集一切可能搜寻到的信息，即使这种信息只有短期存在意义，甚至对社会经济生活没有普遍影响，也必须尽量收集，而收集者同时又是信息的筛选、加工和整理者，这个过程的开支浩大又集中。

第二，计划的制定虽然以国家为主体，但又不能完全排斥上下串通征询意见，以此来求得行动的一致性。如果串通和征询"不到位"，意见不能够达到"妥协"，计划就会成为一纸空文。这就要各级行政首长"一致通过"某项计划。因此，达成一致的过程总是以巨大的、有时甚至是难以计算的费用来支撑的。

第三，要保证计划的永不间断，还要有相应的政策机构与之相适应，有多少政府机构，就要有多少座"庙"，同时也就要求有多少个"神"。人浮于事、效率低下，是计划不间断性的最大机会成本。

总之，典型的宏观调控政府实现过程，是一种成本极高的宏观管理过程。据此，我们可以提出一个可以验证的理论假说：只有在极特殊的情况下（比如国民经济遭到战争威胁的非常时期和战后经济重建初期），典型的宏观调控的政府实现过程才表现为控制强度与社会经济福利效率正相关；否则，则负相关。

（2）典型的宏观调控的市场实现过程，是以美国为代表的发达资本主义市场经济的国家只干预宏观总量的市场实现过程。在这种过程中，通货膨胀率、经济增长率、就业率和国际收支状况是其衡量指标。政府在国民经济运行和管理中的作用，首先是"守夜人"，其次才是"交通警"。政府完全依赖市场、追踪市场，是这种宏观调控市场实现过程的突出特征。因此，直到今天，这种实现过程始终摆脱不了失业、"滞胀"、资本过剩、需求不足的威胁。尽管其效率比典型的政府实现过程高，但其实现成本也相当高。因为，第一，失业的大量存在是以大幅度压低潜在经济增长率为代价的；第二，"滞胀"的百医不解是以损害公众经济福利为保证的；第三，资本过剩的日趋严重是以牺牲本国人民的全面发展和落后国家与地区的经济发展为基础的；如此等等。据此同样可以提出一个能够验证的理论假说：除非在信息技术相当落后的机器大工业的时期，国家干预宏观总量的市场实现过程才表现为国家干预与社会经济福利效率正相关；否则，则负相关。

3. 实践证明，典型的宏观调控的政府实现过程和市场实现过程都有内在缺陷。我们强调在社会主义市场经济运行中要实行计划与市场的结合，实质在于克服上述两种过程的内在缺陷，达到宏观调控实现过程与市场实现过程的结合。这种结合可称作"双层次分工结合论"，即宏观层次的分工结合和微观层次的分工结合。

（1）所谓宏观层次的分工结合，即国民经济活动总体层次上的分工结合。在这一层次上，市场不仅始终具有配置资源的基础作用，而且始终具有实现政府过程与市场过程分工结合的中介作用。通过市场的这种中介作用，一方面解决政府究竟应着重控制哪些经济指标，以有效把握国民经济发展的方向、增长的趋势和结构的协调化与合理化、高效化问题；另一方面解决政府究竟应建立哪些机构，以能够真正总揽全局，处理好生产什么、生产多少、如何生产、谁来生产、怎样分配以及谁来承担决策和经营的风险等问题。因为，"任何经济制度的任务都是引导对稀缺资源利用的竞争"（V.奥斯特罗姆等，1992）。而市场中介作用实质在于为政府实现过程和市场实现过程的分工结合筛选、加工应由政府决策的重大经济指标和政策。具体说，包括财政政策、货币政策、收入政策、产业政策和总供求在总量上的平衡与结构上的协调、物价和货币流通状况、国际收支与经济增长等指标，以及与发展战略目标和方向有关的中长期规划。

（2）所谓微观层次的分工结合，主要是指价格信号和数量信号的分工结合。但考虑到我国现状，可将这一层次的分工结合划分为两个阶段。其一是社会主义市场经济体制尚未完全确立其支配地位的目前阶段。在这个阶段上，由于市场主体的主权地位还未充分形成，市场体系的发育程度也还比较低，因此，为减少由价格信号的调节及其"蛛网效应"所可能引起的波动与震荡，还不能完全放弃数量信号的控制（如投资规模和方向、贷款额度等）和必要的行政干预。但要把这种数量控制和行政干预上升到自觉、理智、严格遵循客观经济规律的高度。其二是社会主义市场经济体制已经基本确立起支配地位之后。这时，宏观调控的政府实现过程与市场实现过程在微观层次的分工结合，将不再依靠数量控制，而主要运用价格信号的调节。但是，由于在产权界限不清、非竞争消费和公共物品的供求等场合广泛存在着的"市场失灵"（R.穆斯格雷夫等，1987），因此，这一层次的分工结合还不能没有行政干预，只是这种干预在范围、内容和频率上被降到很低的限度罢了。这时，政府的主要行政职能将只限于帮助决定谁应拥有什么权利和保护这些权利。

4. 根据市场经济发展的内在要求，结合我国国情，正确理解和把握宏观调控的有界范围，还必须把长期规划与短期调整结合起来，但是，长期规划与短期调整的结合不等于在理论和实践上将它们二者相混同。长期规划是现代市场经济发展不可缺少的。我国和发达市场经济国家近几十年的实践提供了大量经验和教训，即它只能是导向性的、供公众遵循的，而不是"命令式"的或无遵循价值的。在社会主义市场经济条件下，国家对国民经济的宏观调控，主体仍是短期调控，基本目标则主要是熨平经济波动。只有牢牢把握这一点，才能真正防止和纠正长期不长、短期无效的"低能"倾向。

三、改革现行宏观调控体系的指导方针和原则

1. 如前所述，我国社会主义市场经济体制的确立过程，是与经济结构的转换和经济发展战略的选择紧密地联系在一起的。这两个方面互为牵扯，互相影响，需要在推进改革过程中不断加以协调。首先，体制变革会引起供给、需求、就业、产业等方面经济结构的变动。毫无疑问，由于我国经济发展的轨迹已进入了"刘易斯折点"区间，人均GNP已超过了300美元，1990年已达到了414美元（1980年美元计算），因此，经济结构变动将更加剧烈。这种变动绝非哪个人的主观意志可以随意改变，同时它又并非是纯粹自然选择的结果，而是由多种变量相互交织所形成的合力推动的。前些年，我国试图通过结构调整，达到优化结构、提高效率的目的。但由于体制变量的变动慢于政策变量的变

动，缺乏存量调整的机制，加之扭曲的价格给出的利益导向信号，一方面不断再造出了供给结构的超稳态趋同化（所谓冰箱、彩电等的"140条生产线"现象），另一方面还不断再造着产业结构的失衡。加上福利性消费、收入分配物化倾向的影响，本应得到优化的结构，始终未能实现优化。

其次，发展战略的选择也要求与体制转换相协调。到目前为止，我国传统体制下所形成的数量型、粗放型、外延型经济发展战略仍占明显优势。投入的边际收益递减，离开了大量投入经济便得不到发展，是这种发展战略的主要弊端。而产生这种弊端的制度基础，仍然是"软预算约束"、企业负盈不负亏。因此，要使发展战略的选择走上良性循环的轨道，仍需加快经济体制的根本转换。

最后，经济体制的转换、经济结构的调整和经济发展战略的选择能否达到协调和相互正向推进，又都有赖于政府职能的转变和宏观调控体系的变革。政府职能不转变，宏观调控体系仍沿用传统方式，必然导致"脚不正，难免鞋歪"。

2. 经济运行的需求约束和资源约束，是对经济运行状态进行制度分析后所做出的判断。判断一定阶段整个国民经济运行属于哪种约束类型，是确定宏观政策调节的目标和重点的重要前提和依据。不同的判断，可以产生不同的宏观调控体系和不同的政策目标与重点的选择。

3. 自1989年下半年以来，我国已有两年多处于市场疲软的运行状态。据此，有些人认为我国目前已不再是"短缺经济"，整个经济运行已经由长期的卖方市场转到了买方市场，资源约束已为需求约束所代替。这种估计未免过高。因为，到目前为止，我国还处在迅速向社会主义市场经济体制转换的过程之中，形成"短缺经济"的制度性根源尚未根本消除。尽管占全社会总收入50%以上的非国有制经济是独立经营、自负盈亏、吃不着国家的

"大锅饭"的，随着我国非国有成分的发展，预算软约束的范围还将进一步缩小，但是，对于国有制经济来说，到目前为止，国家与企业之间在财产及最终收益处置权利与责任关系方面，仍未形成一种制度化、法制化和市场化的明确形式，企业（其普遍形式是地方和部门）仍患有顽固的"投资饥渴症"和明显的不计长期社会效益和盈亏的内在冲动，它们仍然是单纯的"公家人"。投资品乃至集团消费品的价格再高，投资支出和消费支出的国际收益和边际致困再低，都不会抑制这些"公家人"（包括地方、部门）的投资和消费热情。因此，还不能认为目前我国已经实现了从资源约束型到需求约束型体制的转换。如果说存在需求约束的话，则这种约束也主要来自个人消费需求。即使如此，也还有一个约束不到位（如福利性住房制度、国家包下来的公费医疗制度等）的问题。就是说，在总体上，我国目前还未实现从资源约束向需求约束的转换，只不过这种约束不再普遍采取"短缺"和隐蔽性通货膨胀的形式。正因如此，我们才认为目前经济生活中出现的部分买方市场是不牢固的。一旦政府放松控制、减弱干预力度，经济运行虽然不会简单地回归和重演历史，但重新回到卖方市场状态是不容置疑的。因此，对需求过旺和资源约束不能掉以轻心。

4. 宏观经济管理的根本任务是保证实现总供求的动态平衡，包括短期动态和长期动态平衡两大方面。无论是短期动态平衡，还是长期动态平衡，都应是高水平基础上的动态平衡和发展中的稳定。对我国这样一个社会主义发展中的大国来说，通过动态平衡，实现经济发展，力争每隔几年上一个新台阶，是一个压倒一切的硬道理。国际环境、周边国家和地区经济高速增长的挑战，我国社会主义制度的巩固及其优越性的发挥，等等，在客观上都要求我国经济发展有一个合理的、与国力和制度潜力相适应的较高的发展速度。

刘国光

经济论著全集

第

10

卷

当然，加快发展速度不等于脱离现实和可能。多年来，我们吃"高指标"的苦头已经不止一次了。因"欲速则不达"所支付的"学费"也够多了。这个历史教训必须认真吸取，防止经济过热，过热后再依靠行政方式压规模、砍投资的现象重演。这里的关键是明确区分下述几种关系：

第一，制度变量与政策变量的关系。制度变量是一种慢变量，即使在制度变革过程之中，这种变量的变动也应相对稳定，防止随意性。政策变量则是一种快变量，具有极大灵活性，要针对短期经济运行状况及时进行调整。制度变量影响和制约着政策变量，制度变量的随意性将破坏政策变量的有效性。

第二，直接行政控制和间接市场调节的关系。在向社会主义市场经济体制转换的现阶段，保留必要的行政控制是有意义的。但要有明确界限。例如，由于银行体系和资金市场体系尚未达到健全和协调的要求，在投资贷款规模结构上实行一定程度的额度控制是可以的。完全放弃这种额度控制，货币投资的运行机制就会出现错位和混乱。而能否使这种控制发挥其应有的作用，关键则在于使额度规定与市场运行状况相吻合。要把间接市场调节真正置于资源配置基础的地位。

第三，传统计划经济下的宏观调控、典型西方市场经济下的宏观调控与社会主义市场经济条件下的宏观调控的关系，特别是社会主义市场经济条件下的宏观调控与转轨时期（即既非市场经济又非计划经济时期）的宏观调控的关系。放弃传统办法，不照抄西方做法，立足现实，面向长远，是处理好上述关系的关键。要首先从现状入手，根据现期体制条件和市场条件，实施宏观调控。以重点解决宏观调控的微观基础和市场环境为入口，明确必要的行政干预范围，实现合理、有效的宏观调控。同时，在这个过程中，要为尽快建立社会主义市场经济体制下的宏观调控体系创造必要的条件。

第四，经济发展的自然增长与企望经济发展有一个更高的速度的关系。企望经济发展有一个较高的速度并不是什么坏事。问题是不能靠传统体制下那套指标管理的办法和往下面压指标的方式，来求取这种企望的实现。历史经验反复证明，经济增长的高速度不是压出来的，而是在经济结构及其内在潜力的释放中自然形成的。"压"的结果只能是使经济发展的速度陷入"高—低—等—低—高"的非良性循环。因此，要使国民经济发展保持长时间持续、稳定、协调的高速度，从宏观调控角度看，关键还是转变政府职能和工作方法，把工作重点转到为企业服务、塑造公平竞争的市场环境、制定公平竞争的各项规则和监督实施这些规则上来。

5. 宏观经济管理的重点在于调整结构。结构问题，是人均GNP超过300美元以后经济发展的突出问题，速度、比例、效益，最终都将源于结构。过去，人们在宏观经济管理中常常把经济增长与经济发展等同起来，这种认识误区给经济发展造成了很大的危害。实际上，经济发展的内容要比经济增长丰富得多。片面追求工业部门的增长，以农村经济因无资金可投而得不到多方位发展为代价，必然形成现代工业城市与落后农村鲜明反差的二流经济结构。这种结构不仅会给农村人口的转移造成拖累，而且还会给工业化的进一步发展造成财政拖累，产生"瓶颈"、资源"瓶颈"等，必然成为经济迅速发展的障碍，使高投入、低产出的状况得不到纠正。因此，宏观经济管理的重点必须是在抓好总量平衡的前提下，认真搞好结构调整，通过短线产业和部门的技术改造，通过发展新兴产业和高新技术、高附加值产业，推进产业结构高质化。当前，特别应注意把恢复我国在关贸总协定的地位引起的冲击作为压力和动力，发展一批能够在国际市场上争强的企业，提高我国民族工业的竞争力和发展力。这就是说，注重把缩小二元经济结构反差、促进农村经济现代化和产业结构协调与高级化，作为宏观经济管理的一个核心问题，紧紧抓住不放。

6. 保持较高的经济发展势头要有资金积累。但建设资金积累并非必须以压低城乡人民收入为前提。过去，受传统计划观念的影响，人们往往把经济建设的资金积累与城乡人民收入水平的提高对立起来，为了保建设、上投资，就想方设法卡个人收入，压人民消费。这种政府积累型建设模式，虽然在短期内能够集中人力、物力、财力，保住一批重点建设，办成几件大事，但由于低收入、低消费必然导致消费和生产在低水平上的循环，因此实践的结果，不是使人民得到更多的实惠、与发达国家和周边先进国家或地区的差距迅速缩小，而是压制人民消费水平的提高、加大与发达国家或地区的差距。

改革开放之初，经过一场关于社会主义生产目的的讨论以后，几乎形成了一种共识，即宁肯降低经济发展速度，也要调整积累、消费比例，要把积累率从33%左右降到25%左右。尽管在实际执行中，开始的几年（1981—1983年）积累率确有降低（分别降为28.3%、28.8%、29.7%），但随着城乡居民收入的持续提高、消费绝对额的增加，边际储蓄倾向上升，结果使1984—1991年八年的积累率一直维持在34%强的水平。34%以上的积累率几乎与过去的高积累指标相吻合，但社会经济效益与过去大不相同，因而形成了一种高收入、高消费、高储蓄、高投资、高速度的发展格局和收入分配与经济增长的良性循环（当然，受传统体制残余的影响，其间也出现过消费、投资双膨胀问题，但那不是主流）。这种实践所给出的一个启示是：用社会积累型建设模式代替政府积累型建设模式，利国、利民、利发展，这是市场经济条件下经济发展的一条成功道路，也是宏观调控体系改革中必须遵循的一个原则。

7. 在我国目前条件下，宏观管理工作必须十分重视长期政策和制度变量的调节，但同时要特别着重加强短期政策变量的调节。短期政策变量的调节是经常性调节，也是国家动用宏观政策调控总量与结构、推动经济发展和经济增长的具体实现过程。例如，自今年（1992年）春季以来，我国经济逐渐复苏、出现了持续较快增长的势头，1—10月工业生产累计比去年同期增长19.7%，10月则比去年同月增长22.4%；投资增长加快，其中1—10月全民所有制单位固定资产投资累计比去年同期增长37%，10月份则比去年同月增长43%。与经济高速增长和投资扩张过急相伴生，资源供应特别是生产资料和基建材料供应超紧、市场货币需求坚挺、城市物价继续明显上扬等问题也逐渐暴露了出来。有关部门分析指出，目前宏观调控应在仍坚持微调的同时，强化市场调节的作用，尽快消除无约束扩张、无秩序竞争等不规范现象（国家统计局，1992年11月18日）。这种分析是正确的，虽然当前我国经济尚未进入"过热"状态，但若放松改革和宏观调控，经济骤然转为"过热"也不是没有可能的。因此，加强短期政策变量的调节，首先是管住货币，同时辅之以财政政策和调节，强化产业结构、信贷结构、投资结构、进出口结构等结构性政策变量的调控。只有这样，才能既保证国民经济的持续高速、高效、高质量增长，又不致因此而给续期经济发展和增长埋下结构失衡、经济大幅度滑坡的种子。注重总量、控制结构，也是改革宏观调控体系中必须始终遵循的一个重要原则。

四、宏观调控体系改革的操作设想

1. 如前所述，邓小平南方谈话和中共十四大的胜利召开，标志着社会主义市场经济体制的发展进入了一个新的阶段。围绕社会主义市场经济体制的建立和发展，不仅要加快国有企业特别是大中型企业经营机制的改革和转换，加快培育和发展市场体系，深化分配制度和社会保障制度的改革，积极转变政府职能，而且尤其要重视宏观调控体系的改革，并且要把这种改革上升到具体操作的高度，以适应新阶段经济体制改革和经济发展的需要。

2. 在向社会主义市场经济体制转变的过程中，宏观调控体系的改革不应是传统计划经济模式与操作机构的简单改进或局部调整，而必须是真正反映社会主义市场经济的内在要求，真改、真革，有创新和有中国特色。如果把这种改革降低到只是简单地减少或取消指令性计划的水平，那么，这种改革肯定是不能取得最后成功的。毫无疑问，大幅度削减和缩小指令性计划的范围和强度，始终是宏观调控体系改革的一个重要方面，而保留少量指令性计划也是社会主义市场经济的发展所需要的。但是，传统的、直到目前仍大量存在的资源"切块分配"以及"讨价还价"式的项目管理与数量控制等，必须从宏观调控体系的设计上予以消除，使其真正发挥政策管理、信息引导、规范秩序、组织协调、服务监督、低耗高能的作用。

3. 国民经济运行是一个复杂的机能体系，它与人的自组织体系以及为保证这个体系正常运转的神经系统颇为相似。人的行动要受大脑的支配，大脑是创造意念、能够思维、具有支配和指令功能的。但是，如果仅仅有大脑，而无相应的脊神经系统与之相配合，不仅意念难于形成、思维不能进行，决策乃至支配功能也无从谈起。大脑必须以12对脑神经机构为主干，同时还必须通过脊髓与31对脊神经（分布于颈、胸、腰、骶、尾等部位）与之相连接，借助于化学调节机制（通过激素）和神经调节机制（通过神经），达到人体机能的同步化，实现人体行为的理智性和整合性。参照人体的这种自组织体系，可以将与社会主义市场经济发展要求相适应的宏观调控体系具体化为四类相互联系又各有分工的职能机构：创意机构、决策机构、综合调控机构和专业管理机构。

4. 创意机构。这是一种具有掌舵、把握方向、对重大方针政策问题提出意向性建议功能的机构。在我国市场经济条件下，这种创意机构的最高组织形式，可采取党中央设置中央财经小组的形式。中央财经小组主要由党中央最高领导人和国务院负责经济工作的主要领导人组成。小组成员可在各自分工负责的某项经济工作基础上，通过互相通气、协商与讨论，全面把握国民经济发展的趋势和动向，从整个国民经济这个大系统的基本要求出发，代表中央创造性地提出意向性看法，形成宏观调控体系和决策的信息源和动力源。

（1）中央财经小组的常设办事机构为中央财经小组办公室，具体负责日常财经信息的收集、整理、加工、分类和财经小组创意内容的下达工作。

（2）为了使创意过程更具科学性、合理性、有效性，中央财经小组下另设财经咨询委员会或顾问组。财经咨询委员会或顾问组聘请各方面确有建树和动手能力的经济专家、学者专职或兼职担任；发挥他们的专业特长，由他们参与宏观决策的创意活动，提出各种创意性方案与设想；也可以由他们领衔或将某一项专门问题委托其他专家学者具体进行社会调查和研究，提出创意性报告，供中央财经小组研究讨论时参考。

5. 决策机构。这是一种针对国民经济运行和宏观经济管理中出现的重大问题，进行拍板决策、发出政策指令的机构。在我国市场经济条件下，这种决策机构的最高组织形式可采取社会和经济发展决策委员会的形式。决策委员会的最高领导人可由中央财经小组提名，经全国人大选举和党中央批准任命。决策委员会委员，在转轨时期可暂由原国家计委、经贸委、中国人民银行、财政部、外交部的领导人组成；待条件成熟后，则可由最高决策委员会最高领导人提名，经全国人大选举和国务院批准任命。决策委员会具体负责接受中央财经小组的创意意向、方案，根据具体经济运行状况制定和颁布宏观经济政策，交由综合调控机构具体执行。

　　社会和经济发展决策委员会下设三大常设机构：（1）办公室，具体负责处理日常事务、协调其他两个机构及其与上级领导的关系；（2）战略室，具体负责长期发展规划和滚动式五年计划的制定、颁布；（3）产业室，具体负责产业发展、投资、收入分配、科技、文教卫生、对外经济关系等项方针政策的研究、制定、颁布与监督实施。

　　6. 综合调控机构。这是一种执行决策机构发出的各种政策指示和为微观经济单位提供信息服务的综合性调控机构，主要由中国人民银行、财政部、劳工部、调查统计部等综合性部门组成，具体负责政策调控与宏观指导和服务。

　　7. 专业管理机构。这是一种把宏观调控的政策指标具体化到具体产业部门的宏观调控与管理机构。它包括若干分支，主要有负责执行产业政策的工商管理局、税务（包括关税）局、社会和国有资产管理局、商品检验局、土地管理局，负责执行长期战略目标政策的计量标准局、财务审计局、专利和版权局，负责行业发展的各种专业局，等等。这些分支机构具体负责专项政策管理和信息指导与服务。

　　8. 上述四类机构是紧密联系的一个有机体系。这四类机构的联系方式和运作机理，类似人体的神经调节机制，具有较明显的宏观调控的政府实现过程的特征，表现为决策信息在四大类机构间垂直传递、逆向反馈和在各类机构内部横向传递与反馈。其中，创意机构、决策机构与综合调控机构和专业管理机构之间的纵向信息传递与逆向反馈关系尤其明显。综合调控机构和专业管理机构处于较低层次，与政策调控、管理与指导和服务的微观对象十分接近，是国家宏观调控的政府实现过程与市场实现过程的基本中介。整个宏观调控体系的运作则是以市场即微观主体的自主行为为基础的，市场微观主体的自主行为对宏观政策做出反应的过程则类似于人体的化学调节机制，它构成宏观政策调节有效的信息源和动力源。

9. 宏观调控体系的改革同整个经济体制的改革一样，也是一场深刻的革命。既然是革命，要实现之，就要有点革命的精神。因此，根据中共十四大所提出的改革目标模式，凡与上述四大类机构对不上号的现存宏观管理职能部门，都将成为撤、并、转的对象。为了化解可能出现的各种摩擦和矛盾，降低内耗和改革成本，这项改革的进程不宜推进过急，必须稳中求快、讲求策略。可考虑分两步走：第一步——政府职能转换，逐渐使政府部门转向信息服务和组织协调的轨道；第二步——撤并和向专业化大公司或产业集团转换。为了实现稳步推进，可采取"以点带面"、典型示范的办法，用那些已经先行一步（由专业部转换成专业公司或产业集团）的部门所取得的成就以及给个人所带来的好处，教育、说服、诱导、激励人们增加实现这种转换的主动性和自觉性，以相对平衡和顺利地实现这种转换和改革。

10. 总之，宏观调控体系的改革和政府职能的转换是一项十分复杂的工作。在具体实施改革操作中，遇到的问题将更多；但不能知难而退或畏缩不前，要有胆、有谋，敢于试验。以上只是一个很粗略的构想框架，现提出来供有关部门参考，并引起更深入的讨论。

中国当前经济发展形势与前瞻*

——访问美国迈阿密大学、斯坦福大学时作的讲演
（1992年11—12月）

一、1978—1991年：发展的回顾

中国在20世纪50年代末到70年代中叶，由于极"左"思想和政治路线的影响，强调"以阶级斗争为纲"，极大地阻碍了社会经济的正常发展。1978年年末召开的中共十一届三中全会，确定了此后中国的根本任务是集中精力搞经济建设，同时拉开了改革开放的帷幕。经过13年来的努力，这一政策产生了丰硕的成果。

首先是国民经济的高速增长。1992年比1978年，国民生产总值在13年中增长了1.94倍，年均增长8.6%，比1953—1978年的增长率高2.2个百分点。人均GNP达到1725元（人民币），年均增长7.1%。城乡居民消费水平年均增长6.5%。目前全国人民生活正在从温饱向小康过渡。东南沿海地区发展更快，如广东省同期国内生产总值年均增长12.4%，大大高于全国平均速度。人们普遍感到，改革和开放是中国经济加速发展的发动机，它给国民经济带来了繁荣，给人民带来了富裕。

其次是产业结构有所改进。GNP中，第一、第二、第三产业所占比重，1978年分别为28.4%、48.6%和23%；到1991年，三者的比重变为26.6%、46.1%和27.2%，第一、第二产业产值份额下降，第三产业上升。在农业内部结构中，种植业由80%降到

62%，牧副渔业则由20%提高到38%。农村工业从无到有，迅速发展，1991年农村工业产值占农村社会总产值的比重达到43.5%，超过农业产值的比重。过去，工业内部结构过分向重工业倾斜，1978年重工业和轻工业的比例是57∶43，1991年变为一半对一半。这些结构变化，既加快了我国工业化的进程，又有利于缓解我国巨大的就业压力。

但是，我国国民经济的结构还存在很多问题，比如基础设施、基础产业落后，第三产业特别是交通与通信业的发展不适应整个经济增长的要求。在收入水平和消费行为快速变化的新形势下，供给与需求、生产与消费之间的结构性矛盾越来越明显。所以，结构调整是中国20世纪90年代经济政策指导的一项基本课题。

在近十几年体制变革时期，我国一方面大力推进改革、开放，培育和发展社会主义市场经济，另一方面也调整了发展战略，改进了控制周期波动的手段。结果，整个国民经济运行的稳定性能比改革前有所提高。这期间，进行过三次经济调整和紧缩，1981年、1986年和1989—1990年，但都没有出现像改革以前那样的负增长，生产下降也只是增长速度减慢，而不是绝对水平降低。处于低谷年份的1981年和1990年也维持了4%以上的增长率。但是，正如国内有的学者所指出的一样，中国经济增长还没有走出强波，高峰和低谷的波幅还很大，高速增长的持续时间短。我们希望20世纪90年代经济增长率能够继续保持80年代高速增长的势头。这就要求采取"双向微调"政策，既避免经济"过热"，又避免"过冷"。因此，如何实现持续的高速增长，减小波动幅度，是我国90年代经济政策指导的又一项基本课题。

80年代的体制改革提高了经济效率，特别是农村推行联产承包责任制以后，农业劳动效率迅速提高，农民投入农业的劳动力比改革以前大为减少，但生产了丰富得多的农产品。在工业方面，劳动和资产的使用效率也有所提高。但如果同发达国家相比，我国的经济效率还是很低的。效率问题最突出的是国有企业，80年代我们用承包的方法使国有企业的经营效率有所提高，但"三个人的事五个人干"、"负盈不负亏"的局面还未根本扭转。在恢复我国在"关贸总协定"的席位后，我国国民经济的效率和质量素质将面临更为严峻的挑战。提高效率和质量素质，不仅依赖于以市场为取向的体制改革，特别是国有企业的机制改革，以此提高微观效率，而且依赖于政府职能的转换，提高宏观管理的效率。提高经济效率问题，是今后中国经济政策指导的第三个也是最主要的课题。

二、1992年：发展的现实

20世纪80年代末和90年代初，中国经济出现了低增长。1989年、1990年，GNP分别只增长4.4%和4.1%。经过1991年的恢复性增长（7.7%）后，于1992年进入高速增长阶段。1992年1—9月，GNP比1991年同期增长10.6%，预计全年国民生产总值增长12.0%，工业增长20.5%，农业增长3.5%。如果预计成为现实的话，1992年的速度将超过经济过热的1988年时11.3%的水平。

对目前我国经济形势的判断有两种观点。一种观点认为目前已经出现了像1988年那样的经济"过热"，主张控制需求，压低速度，另一种观点则认为目前没有"过热"，加快经济发展不会有什么危险，不应当限制刚刚到来的高速增长趋势。我们认为，1992年的高速增长是建立在前几年（1989—1991年）经济调整时期较低速度增长的基础上，即1992年处于经济周期的上升阶段，这与1988年的过热是建立在连续几年（1984—1988年）高速增长，达到高涨期的峰顶不同。故不能将目前的高速增长与1988年经济过热简单类比，而要看社会总需求是否超过总供给；要看居民对物价的承受能力。

1992年我国经济增长主要是投资拉动的结果，前三季度国有成分固定资产投资比上年同期增长36.3%（预计全年增长36%）。但消费增长比较平衡，社会商品零售额实际增长9.2%（名义增长14.4%，全年预计增长14.5%）。这同1988年经济过热是由于投资和消费双膨胀推动的情况也不相同。近几个月来，钢材等生产资料开始货俏价涨，但由于前几年治理整顿时期产业结构有所调整，"瓶颈"有所缓和，能源和主要原材料等生产资料供应状况比1988年有很大改善。消费品市场也未出现需求过旺，而且商品供应充足。1992年1—9月，全国零售物价比1991年同期上涨不到5%，而城市职工生活费收入在扣除生活费价格上涨因素后实际增长8%，这就稳定了居民心理，没有形成高通货膨胀预期，物价涨势没有超过居民的承受能力。从总体上看，我国目前的消费品市场依然是买方市场，生产资料市场基本平衡，经济环境在总体平衡上仍然比较宽松，近期不致发生像1988年那样严重的通货膨胀。

总之，1992年我国经济高速增长的整体态势，仍属基本正常，还不能说已经发生了过热现象。但高速增长中伴生的一些矛盾和问题，应予足够的重视。主要问题，一是在固定资产投资方面，新开工项目过多，占全部施工项目的比重超过40%，在建总规模过大，比1991年同期增长1/5和1/4；投资结构不合理，基础产业投资比例下降，一般加工制造业的比例上升，这将使产业"瓶颈"制约加重，形成经济过热的一个源泉。二是金融形势趋紧，货币投放量大，预计1992年年末银行贷款余额和市场现金流通量分别比上年末增长20%和27%左右，超过预计经济增长率（12%）加物价上涨率（5%）之和。三是社会供求关系在一些方面由宽松趋向紧张，结构性矛盾更加突出，特别是铁路运输等基础设施与基础产业的支撑能力薄弱，目前铁路运输只能满足货运需要量的60%~70%，成为我国当前经济生活中最突出的"瓶颈"。这些问题如不注意，任其发展，预计到1993年下半年和1994年上半年，市场供求总量平衡的格局有可能被打破，通货膨胀就会超过居民的承受能力。一旦高速增长不能维持时，就不得不全面紧缩，这势必再次造成强周期波动。因此，在当前高速增长尚属基本正常的情况下，不宜采取"急刹车"的紧缩办法，但要适时微调，特别是要控制投资和货币投放的过快增长，以减缓资源约束的渐增压力。上述问题的存在，也反映了我国经济体制和结构同经济高速增长的要求还不适应，急需继续改革和完善，在中长期的发展中逐步解决。

三、20世纪90年代：发展的前景

1991年年初，全国人大通过了我国经济发展的第八个五年（1991—1995年）计划和十年（1991—2000年）规划。其中规定国民生产总值年均增长6%。这是从原定2000年我国经济要比1980年翻两番（年增长率7.2%），而90年代实际上已增长了1.36倍（年增长率为9%）的情况出发，同时考虑了经济改革和结构调整需要有一个比较宽松的经济环境，因而速度不能太快，而定下来的，是"留有余地"的计划速度。

1992年我们重新研究速度问题时，测算20世纪90年代的经济增长率可以比原来计划的6%提高到8%~9%。这个意见已写进1992年10月召开的中共十四大会议文件。这一建议速度将使中国90年代的经济发展继续保持80年代高速增长的势头，使中国有可能缩小同亚洲"四小龙"的差距。分析各种条件，这一速度是有可能实现的。这些条件主要有：

一是体制改革步伐加快，中共十四大明确把建立社会主义市场经济作为中国经济改革的目标，这将在企业机制转换、市场体制培育和宏观经济管理等方面，全方位地开展市场取向的改革，从而更全面地提高体制效率，释放过去被老体制压抑的能量。二是扩大开放、经济外向化程度提高，沿海开放向沿江、沿边以及内地开放逐步延伸，将加大对经济增长的推动。三是产业结构调整的增长效应，我国第三产业占GNP的份额，将由目前的27%提高到2000年的35%~40%，第三产业年平均增长率可能达到13%左右，比80年代高2~3个百分点，它将成为经济加速增长的主要贡献者之一。四是传统产业的设备、技术更新换代，以及新兴产业的开发，如企业信息管理、办公现代化，部分家庭的文娱、教育以及科研现代化对电脑需求的扩大，电话普及，家用汽车规模扩大，按市场法则开发房地产等，都会推动经济保持较高的增长速度。五是非国有制经济和民间资本的加速发展，将成为90年代高速增长的重要源泉。此外，经济货币化、市场化程度提高，目前免费和半免费的供给制福利分配将逐步变成通过市场来分配，这虽然不增加实物量，但会在价值形态的统计上增加GNP的指数。最后，十多年来改革开放和经济建设提供的丰富经验，特别是中共十四大提出党的基本路线百年不变带来长期政治稳定的效应，都将有利于保障经济的高速稳定发展。

20世纪90年代我国经济的高速增长，也存在一些制约因素，其中最主要的制约因素是能源、原材料，尤其是交通运输的制约。我们将通过政府的产业政策，来加快扩大这些产业的供给能力。此外，从资金条件看，国内储蓄率可望保持在35%左右，我国利用外资的资信也很好，所以资金来源困难不大，问题在于投资效率和资金利用效率能否提高。在市场制约方面，90年代投资需求强劲，投资品市场问题不大，主要问题在于消费品市场和出口市场。通过调整生产结构、改革消费体制、恢复我国在GATT的席位以及外贸渠道多元化等措施，这些问题可望得到解决。

为了保证90年代我国经济持续增长，在发挥市场作用的同时，需要改进政府的政策指导。这有三个基本方面：一是改进总量管理，实行灵活的周期调节，防止大波动，控制赤字规模，注意投资和通货膨胀机制的新变化，避免过高的通货膨胀出现；二是把改善结构和提高效率作为高速增长政策的基础；三是从体制创新中寻找加速发展的源泉，包括加快建立统一的市场价格体系，迅速发展资本和劳动力市场，用多种途径将国有企业推向市场，加快民间经济的发展。无论是从生产和供给形式看，还是从消费和需求因素看，我国90年代的增长潜力都是很大的，但是旧体制对增长潜力发挥的约束也是很强的。要实现持续有效的高速增长目标，最重要的是加快改革，扩大开放，用改革促增长。

中国当前经济发展形势与前瞻

访美报告

（1992年12月）

1992年11月17日至12月8日中国社会科学院副院长刘国光应美国斯坦福大学、加州大学贝克莱分校、迈阿密大学和辛辛那提大学等单位邀请，去美国进行了为期三周的学术访问，经济研究所陈东琪博士等陪同。这次访问的主要内容包括四个方面：

一是就"20世纪90年代中国劳动力市场与工资制度改革"国际合作课题，与美方学者进行交流和讨论。

二是与美国一些大学探讨新的合作研究意向和实施途径，发现新的合作研究领域。

三是调查了解美国学者对中国当前经济发展和改革、开放关心的问题，宣传社会主义市场经济理论与政策思想。

四是考察美国目前的经济形势及克林顿政策变化的可能走势与特征。

现就访美的主要情况作如下简要报告。

一、关于"劳工课题"的讨论意见

中国社会科学院经济研究所与美国哈佛大学、加州大学贝克莱分校、华盛顿州立大学和迈阿密大学等，自1991年年初以来，就"20世纪90年代中国劳动力市场与工资制度改革"问题进行合作研究。到1992年10月底止，该课题基本上完成了第一阶段合作研究工作，包括合作框架设计，对11000名职工和440个企业的问卷设计、发放和回收，以及研究一对一合作研究论文的写作等。这次，刘副院长以该课题总顾问身份，就第二、三阶段合作研究的基本任务和目标同辛辛那提大学、加州大学贝克莱分校的合作对手进行了商谈。双方达成的共识是：（1）本课题应在广泛调查和充分占有资料的基础上，抓紧进行集中分析，尽快形成有分量的研究成果，运用先进的研究方法，为建立有中国特色劳动经济学分析体系打下基础；（2）在课题的进一步合作中，应把学术研究和对策设计结合起来，强化研究成果的实用性和对我国新的劳动、工资政策形成的指导意义；（3）通过1994年年初召开中国劳工问题国际研讨会，集中中美劳动经济学专家智慧，推动"九五"时期中国劳工制度的大步改革。在交谈中，我方特别强调课题成果的学术性要与对策性相结合，应与抓紧培育青年研究人才成长相结合，而不是仅仅满足于写几篇论文、开几次讨论会。美方表示理解我们的愿望，并尽力实现。

二、关于新合作研究意向的初步商谈

刘副院长访美期间，根据深化改革、扩大开放以及加快发展的精神，与迈阿密大学、辛辛那提大学和斯坦福大学，就开辟新的社会科学合作研究领域、探寻新的合作研究项目的可能性和可行性，进行了一般性商谈。以往，我院与美国的正式协议性合作研究项目，主要限于美国一些合作性科研机构；这次，刘副院长分别与迈阿密大学和辛辛那提大学的校长，商谈了在正式协议基础上展开广泛合作研究的意向和可行性。出访前，我院外事局经与迈阿密大学通信交换意见，形成了合作协议草案；在访问面谈时，除修改了一个词以外，双方同意我院起草的该协议草案，并决定双方领导于近期连署签字。并且，双方探讨了就培训中国城市高级管理人员（包括市长）进行合作的可能性，希望今后进一步磋商研究。

由于我院草拟的协议与辛辛那提大学的草拟协议在专业的对应、人员的选择、合作时间性质的选择、资金来源的寻找以及培训对象的确定和科研条件的配备等问题上，还需双方进一步协商、交换意见，所以访问期间还未一致同意确定出可连署签字的"协议书"，而只是产生了今后可作为协议基础的"会谈备忘录"（Memorndum of Meeting）。不过，这是一个推进合作的良好开端，在经济、历史、文学、语言、国际关系等社会科学领域，辛大有比较好的教学和科研队伍，合作前景较好。

斯坦福大学和加州大学贝克莱分校对与我院开展规则性的合作研究，表示了浓厚兴趣。加大田长霖校长希望我院与他们的东亚研究所特别是中国研究中心建立合作联系，扩展研究项目。斯坦福大学经济系在牛津、柏林、东京、圣地亚哥、澳洲等地设有他们的大学本科学生出国培训的据点或联络中心，系主任表示想在北京也设一个中心，并认为我院是一个好的基地选择。我院不一定直接负责培训学生，但可以以它的声望和地位联络一些名牌大学和政府机构，而研究生院可以考虑承担一些培训项目，比如那些帮助留华的美国学生和学者解决汉语语言困难的项目等。刘副院长表示非常欣赏这一想法，但他建议对方：（1）提供一些有关的必要信息，以便我院有关所进行了解；（2）形成一个见诸文字的意向，以便我院考虑合作项目的选择；（3）勾画一个大体的时间表。斯坦福大学国际交流部主任表示将予考虑。

在与美国全国科学基金会（National Foundation of Sciences）座谈时，该会负责人表示，对于某些中美合作项目（如"20世纪90年代中国劳动力市场与工资制度改革"）中所涉及的美方学者的部分费用，他们可接受其资助申请，但他们需先阅读合作项目的具体计划，然后进一步商谈，而且资助申请应由美方学者提

刘国光

经济论著全集

第
10
卷

出。

三、美国学者对当前中国经济发展、改革、开放关心的问题

在访美期间，刘副院长先后在迈阿密大学、辛辛那提大学、华盛顿卡内基国际和平基金会、斯坦福大学、加州大学贝克莱分校，分别作了"关于中国经济当前形势与前瞻"、"中国社会主义市场经济理论与实践"等专题讲演，花了比较多的时间，与美国一些大学的教授、政府机构和研究单位的经济学家，就中国经济发展、改革和开放的当前形势及未来前景交换了看法和意见，特别是了解了美国学者对中国经济最关心的问题。对此有两个深刻的印象：其一，美国学者对中国1979年改革以来实现9%左右的经济增长速度表示惊讶和赞赏，认为这在"共产世界"是一个奇迹，证明用改革促进发展中国比苏联和东欧成功，随着确定社会主义市场经济的理论思想和政策指导，20世纪90年代中国继续保持9%左右的高速增长趋势是有可能的；其二，美国学者对中国政府把建立社会主义市场经济新体制作为改革的基本目标表示称赞，认为这为中国经济与国际经济特别是国际自由贸易的衔接准备了良好的政策基础。但是，由于种种原因，一些美国学者对中国经济发展和改革进程中的某些问题还不甚理解，刘副院长对这些问题作了繁简不一的解释。这些问题主要包括如下。

1. 中国GNP增长率20世纪80年代接近9%，今年即1992年预计有可能达到12%，原因是什么？有的学者指出，除了劳动和资本生产率提高外，可能还有实物化配给体制转化为货币化分配体制上的因素，原来免费的东西现在收费了，货币化程度提高增加了市场交易量。而有的学者指出，由市场化本身带来的名义价值增长不应计入增长之中，严格意义上的"增长率"应是经济实际

价值或实际生产量的增长。

2. 中国政府最近强调了加快第三产业发展、通过扩大政府直接投资来解决交通运输等产业"瓶颈"问题。一些美国学者认为这一政策符合中国经济发展的现实需要，也符合就业扩充的需要。但有人认为，中国交通运输的产业"瓶颈"的存在，并不单纯是一个资金数量和投资问题，主要是体制上不活。他们提出这样的问题：中国政府是否可以考虑让私人资本兴办交通运输，增加交通运输产业的竞争。

3. 介绍了中国经济学界对中国当前经济形势的看法之后，有的美国学者赞同刘副院长的看法，认为中国经济现在还未"过热"，但不采取适当措施的话，在一定时期比如半年或一年之后，会出现"过热"。他们建议采取微调，事先有准备地控制通货膨胀。短期经济增长率也不要任其太高，只要每年有9%~10%的增长率，长期增长速度就会是比较高的，这对长期意义上的体制改革也有利。

4. 在如何调控投资的问题上，有的美国学者建议我们采取灵活的利率调整政策，利率上下变动也要微调，不要搞长期固定后的大调整。中国经济中现在有50%左右的非国有经济，充分利用利率杠杆引导投资的意义越来越明显。因此，利率政策很重要。

5. 关于三角债问题。一些学者指出，不单纯是一个体制问题，还有经济周期低谷期增长率低、生产和销售不景气，生产结构与消费结构不对称等方面的原因，因此，中国政府要想解决企业三角债问题，可以考虑从体制转换、加速增长、调整结构这三个方面努力。

6. 在刘副院长宣传社会主义市场经济理论时，有的美国学者对在"市场经济"前加上"社会主义"不理解，认为索性提"市场经济"比提"社会主义市场经济"更便于海外学者特别是西方国家接受；但也有美国学者表现出强烈的社会主义信念，认为中国放弃社会主义而搞市场经济，过若干年后会发现这将是一个失误，实际现在市场经济国家也有许多问题，比如不平等问题等。从这两方面看出，我们搞社会主义市场经济，对国内外还有许多宣传和解释工作要做。

7. 美国学者对中国试行股份制表现出浓厚的兴趣，不少人同意中国主流经济学关于加快发展股份制、用股份制改造国有经济的主张，但也有学者对中国搞股份制持怀疑态度，他们感到：（1）股份制目前在西方并不美妙，一个企业成千上万个股东，具有经营实权的经理没有硬约束，他任意使用资产，股东也没有什么办法，西方世界股份制毛病越来越多，而中国把股份制作为解决国有企业效率问题的药方，不可思议；（2）在西方国家，两权分离的经济是不成功的，真正有效率的企业还是那些私人或合伙企业。他们建议中国学者和经济决策人应当多研究西方经济的现实问题，而不应从几十年前的书本出发。

8. 在同美国学者交谈时，我们感到他们十分关注中国的政治改革如何跟进经济改革的问题，认为政治改革滞后的情形需尽早改变，不然会不利于经济改革。有的美国学者对政治改革理解比较褊狭，甚至有的人士仅仅用人权、民主、根治官僚腐败来代替政治改革，用西方模式来衡量中国。刘副院长在讨论中强调，实现人权和保障民主的模式世界上不止有一个，有欧美式、日本式、新加坡式和其他形式，不要强求一律，实践上不可能一律。中国是一个大国，同时又是一个社会主义的多民族的国家，1997年后过渡到"一国两制"，因此人权和民主的模式只能是有中国自己特色的。在中国式民主化进程中，建立一个防止腐败、减少"寻租"现象的机制，通过大步推进政府机构改革和政府职能转换，从"大政府、小市场"向"小政府，大市场"过渡，是我们下一步政治改革与经济改革协定跟进的重要任务。

9. 在讨论中，有的美国学者对中国东西部收入差距扩大表现出担心，希望了解政府的对策，他们中有的人甚至从商业观点出发，主张用在甘肃等地公开开赌场（像拉斯维加斯一样）的办法，吸引资金流入内地和西部，扩大那里的市场，而其他地方以法律严厉禁赌。我们感到，东西部收入差距扩大，一方面是市场经济发展地区不平衡的必然现象，不要过分用旧观点来人为拉平；另一方面又的确需要用经济办法培养内地和西部自我发展的能力，价格结构、资本流动、人才鼓励都需要更多考虑西部的发展能力的成长。采取什么具体措施，需要进一步研究。

10. 对中国前一阶段给地方放权的改革，不少美国学者表示此举并不是很成功的，在市场经济不大发展的背景下，地方权力太大，会导致经济割据，搞地方保护主义。而中国最需要的是区域之间的统一市场，为所有企业和个人创造一个不受地区限制的平等竞争环境。他们指出，发达市场经济的基本特征是中央和企业两头的权力大，中间的地方政府权力小。中国经济中的政企、政资不分，主要问题不在中央政府与企业这一层，而在地方政府与企业这一层。看来，如何改革和设计地方政府的管理机制，是我们面临的一个大问题。

四、美国经济的当前形势与克林顿政策的可能走势

根据访美期间了解的情况，我们获得的印象是：美国经济自1990年7月开始衰退以来，到1992年年中，一直萎靡不振。1992年6月，全美失业率达7.8%，为八年来最高水平；6个月后开始下降，但10月还高达7.4%。失业率居高不下，消费信心不足，经济复苏慢，员工收入下降，正是大选时布什支持率不高的主要原因。不知是克林顿的运气好，还是克林顿的竞争战略刺激了经济，使得11月份失业率明显下降，为7.2%。尽管这个指标比1990

年7月的5.2%还高两个百分点，而且西部地区的失业率高达两位数，但美国经济学家占支配地位的看法是，美国经济已明显开始复苏，因为美国失业率已连续5个月下降。目前，美国经济界对形势有两种看法：一种看法认为美国经济还未达到强劲程度，11月仍有920万人失业，比1990年7月多680万人，所以还需要继续财政刺激；另一种看法则认为要注意复苏的力度，防止一段时间后使经济走上"过热"。无论如何，相比之下，克林顿入主白宫后的美国经济形势将会比布什时期有所改观。

　　但是，克林顿也面临两难；为了使美国人民生活改善，实现对选民的许诺，克林顿将在健康保险、就业、教育和其他社会福利方面采取一些新的做法，提高全民的收入、就业、教育和福利水平，而这又会增加财政赤字；但克林顿试图下决心减少赤字，其办法一方面是缩减国防开支，另一方面是增税。从美国当前的实际情况，特别是从最近出兵索马里的情况看，前者余地不大；而后者要实现必须以扩大生产、加速增长为条件，因为在低增长下增税，企业和个人无法接受。克林顿面临的这个两难唯一可以解决的是尽快使经济转入复苏繁荣。然而，对此美国人并不太乐观。

　　关于克林顿的对华经济政策，我们从交流中得到的印象是，要分阶段来看。在初期，克林顿为了表示对大选时的承诺，他可能比布什强硬，用人权和民主来作为中国争取最惠国待遇的条件；到以后，强硬态度可能出现一些缓和。从中国的观点来看，一些学者建议，不能希望美方因顾虑自身利益损害而在最惠国待遇附加条件上让步，因为它对中国出口占其总出口份额很小，关键是中国政府一方面从各方面（包括院外活动）采取策略方式，另一方面加快发展市场经济的步伐，用改革开放的实际行动来说服人。

　　此次访问中，还就有关中国恢复国际关贸总协定地位对中国经济和世界经济会产生什么影响的问题，与美方学者进行了讨论。交谈者都认为，中国加入关贸总协定，不仅有利于中国经济的发展，也有利于加强中国与世界各国的经济联系，促进世界经济贸易的增长。近几年来，世界经济处于低增长甚至不景气阶段，而亚洲地区，尤其是中国经济正处于高速增长时期，中国恢复在关贸总协定中的地位，其蓬勃向上的经济发展，对振兴世界经济肯定会起到积极作用，同时，美方学者还提出几个问题供中国方面考虑。

论全方位的对外开放*

（1992年12月）

　　对外开放，作为一项基本国策，与改革相配合，是我国20世纪80年代以来经济建设取得前所未有的巨大成就的重要因素。中共十四大提出加快现代化建设步伐，同样有赖于进一步深化改革、扩大开放。扩大开放的进程，表现在从沿海地区起步，逐步延伸到沿边地区和沿江地区，或者再加上沿线（如陇海—兰新铁道线）地区，并包括内地各省省会，形成一个全方位对外开放的新格局。这标志着我国的对外开放进入了新的阶段，将为加快经济发展提供新的动力；同时，也要求采取新的战略、新的政策和新的措施，把对外开放的各项工作提高到新的水平。

从点到线到面的开放要有一个过程

　　从较长时期的基本上对外封锁，到中共十一届三中全会"对外实行开放"，是一个转变。实行这个转变，不可能一蹴而就，而要有一个过程。最先对广东、福建实行特殊政策，在这两省的深圳、珠海、汕头和厦门后来还有海南省，建立经济特区；随即在整个沿海地区开放十几个城市；接着又把珠江三角洲、长江三角洲和闽南三角带作为开放地区；最后又开放了一些城市和地区，并相继建立一批开发区，大多仍在沿海地区。这样，形

---

* 与沈立人合作，原载《开放导报》（试刊号）。

成"经济特区—沿海开放城市—开放地区和开发区—内地"的格局。

对外开放之所以需要分地区、分步骤推进，是由于下述一些原因：（1）过去习惯于闭关自守，对外开放缺乏经验，只能先从地区入手，在实践中探索规律；（2）沿海地区经济比较发达，不少是对外贸易的口岸和生产基地，有一批熟悉对外经营管理业务的人才；（3）这些地区又有区位优势，尤其是南方靠近港澳，是前几十年对外交流的主要通道，并在历史上与海外有较多联系；（4）在这些地区实行梯度的或分层次的开放政策，带有试验性质，尤其是经济特区的政策更加灵活多样，成功了可以推广，失败了不损害全局；（5）这些地区和城市的交通便利，与广大的内地有密切联系，使开放的积极效应不限于当地而能波浪式地传播和带动全国。

基于这种以沿海为主的开放格局，80年代的对外开放，业绩显著，影响深远。不仅进出口有了成倍增长，利用外资和引进技术也突飞猛进；不仅经济特区异军突起，其他开放城市和开放地区也改变了面貌；不仅创造和积累了丰富经验，人才也得到了大量培养；不仅对国内有很大鼓舞，对国外也树立了形象。应当肯定，对外开放是成功的，构成这种格局是正确的。

但是，随着开放的逐步发展，如果停留于或满足于既有格局，已经渐渐感到不能适应形势的要求了。这是因为：（1）我国对外经济技术交流的规模不断扩大，仅是沿海地区直接开放，而广大内地处于间接开放和相对地与世隔绝的地位，不利于外经、外贸的更好发展。（2）对沿海地区采取优惠政策，与内地比，出现区域政策的倾斜，这在一定时期是可行的，而持续过久，不免造成某些矛盾。例如出口货源流向沿海，外汇留成集于沿海，不利于地区之间的利益协调。（3）由此导致的后果是沿海地区固然经济得到较快增长，而内地相形见绌，使两地之间的差距有所扩大，不利于生产力配置的走向均衡。近几年来，西南、西北、东北和中原各省和自治区先后要求实行开放，采取同样的优惠政策，是有理的、合理的。

同时，进一步扩大开放的主客观条件也逐步具备。我国与周边国家的关系得到改善，边境贸易自然恢复。内地通过与沿海地区的联系和协作，对外经贸工作得到发展，经验和人才逐步增多。外商对我国的了解和信心也逐步增多，有的希望与内地合作、在内地投资。

正是顺应这种形势和条件，我国的对外开放进一步扩大。除了沿海地区仍是开放的前沿和重点，几乎所有城乡不同程度地采取了开放的有关政策外，已经延伸到沿边、沿江地区。沿边是指西南、西北和东北边境，在开展边境贸易的基础上，对外经济技术交流的内容和形式越来越多样化；沿江是指从上海到川、贵、滇等省的长江流域，在宣布浦东的开发和开放后，为各方所瞩目。此外，还有沿线指从连云港到阿拉山口的陇海—兰新线，被称为贯通亚欧的第二座大陆桥，其前景也看好。不久以前，还宣布对各省省会都予开放。至此，形成了"沿海—沿边—沿江—沿线和内地"的全方位对外开放的新格局，意味着我国的开放向纵深发展，已经遍及全国的东、南、西、北、中，彻底摆脱了传统的封闭和半封闭状态。

全方位对外开放的重大意义和作用

从倾斜的、有差别的开放到全方位的开放，不仅是开放面的扩大或量的增长，更是开放的深度和力度的增强，属于质的升华。这是十多年来实行开放国策的必然结果，并把开放推向了新阶段。我们应当多角度地认识其重大意义和作用。

首先，全方位开放就是组织全部国力投入国际市场，必将不断扩大对外交流的规模，更好地获得对外交流的效益。开放使人进步，封闭使人落后，这是历史给我们的共识。世界各国的实践证明，谁的开放度高，对外交流的规模大，谁从开放、交流中的得益也最多。我国过去逐步开放，开放地区有一定限制，在某种程度上，还没有充分挖掘各方面的潜力。现在进入全面开放，显然，无论进出口贸易或利用外资、引进技术，都将由于全国的参与而有更大的发展。在长远规划中，原来期望开放度逐步提高，进出口总额的增长快于国民生产总值的增长，其实现有了保证。这是就整体而言。

其次，全方位开放就是调动各地的积极性，发挥各地的优势，既支持全国的对外交流，也使各地经济能有长足的发展，这是就不同地区而言。过去只是部分地区开放，在政策倾斜的情况下不免存在若干矛盾，影响了某些地区的积极性，也使其优势未能充分发挥。全方位开放后，除沿海地区继续发挥其经济基础较好的优势外，特别对内地：有的自然资源比较丰富，能以开放促开发，化资源优势为经济优势；有的劳动力丰富、工资水平比沿海低，搞劳动密集型的"三来一补"和"三资"企业更有吸引力；有的也有较好的工业基础（如"大三线"），引进来或打出去都有一定实力；有的具备某些特色，包括少数民族地区，可以出口土特产品和发展旅游事业，只要因地制宜，定能使对外经济技术交流增添新的内容，开辟新的领域，显得更加多样化。

再次，全方位开放就是更广泛地开展双边、多边和区域性的对外交流，实行市场和国际合作的多元化。当前世界经济的发展，出现了区域化、集团化和多极化的趋势。我国过去的开放偏重于沿海地区，以港澳台地区、东南亚和日本等为主要伙伴，有一定的局限性。实行全方位开放，有利于采取多元化的开放战略，改变传统的市场偏颇。对此，有人已作具体描绘，把沿海划分为华南、华东、渤海三个经济圈，分别以港澳台地区、韩国和

刘国光

经济论著全集

第
10
卷

106

日本为主要对象；把沿边划分为西南、西北、东北三个经济圈，分别以东南亚和独联体各国为主要对象；把沿江则分为下、中、上游三段，以上海为"龙头"，连成一气，实力较强，可以日本和欧美为主要对象。这些对象，各有长短，例如，亚洲"四小龙"属于中等发达水平，既有资本输出，又需技术输入；沿边各国处于发展中水平，与我国合作的途径也宽。无疑，多元化战略将促进交流、合作的扩大，并保证对外经贸的稳定发展。

最后，全方位开放还是与深化改革相结合，并将推动各地较均衡的发展和第二步战略目标的实现。开放和改革是相辅相成的。沿海地区的开放，使其改革得到促进，突出的如深圳从"以市场调节为主"迈向社会主义市场经济，成为全国改革的"排头兵"。内地的开放也将这样，牵动改革，进而牵动发展。对发展来说，过去政策倾斜，不能不导致区域经济不均衡；现在应逐步以产业的政策倾斜替代区域的政策倾斜，或许对资源地区更加有利。本来有人担心，实现"小康"，沿海问题不大，内地困难较多；现在可以相信，随着开放的全方位化，内地将加快发展，并为逐步达到"小康"创造条件。

全方位开放以来，虽为时不久，却已涌现了很多可喜的迹象。例如，西南五个省区，以联合促开放，以开放促开发，从边境贸易入手，狠抓交通、口岸和通信设施的建设，大力开拓东南亚和南亚市场，可望在"八五"期间有所突破，"九五"以后有更大发展；其中云南省，本来远离沿海而僻处一隅，现在成为大西南对外开放的前沿，与缅甸、老挝、越南接壤的边境上建立17个口岸和90条通道，1991年边境贸易超过10亿元。西北五个省区，有很好的资源条件和地缘优势，古代就是丝绸之路，现在采取多种方式与中亚和独联体各国开展经济技术合作；其中甘肃省，仅五个经济开发试验区，几年来已经与十多个国家和地区联合建成资源开发型、开发加工型、加工型和高科技开发型的各类企业380个。东北也是这样，黑龙江省的黑河市过去鲜为人知，现在成为国际贸易、技术合作、劳务输出、境外开发和国际旅游等多功能的沿边开放城市；辽宁省是老工业基地，前几年经济滑坡，被称为"辽宁现象"，现在通过"超越式引进""反刍式消化"和"模拟管理""机制冲击"，把不少大中型企业搞活。又如，河南省克服"内陆意识"，敞开中原大门，1992年提前4个月完成出口计划，利用外资金额比1991年增长两倍多；湖南省加快开放步伐，改善投资环境，仅1992年1—8月就批准合同利用外资11亿美元。至于原来的沿海地区，上海市利用外资从集中于工业扩大到金融、房产、贸易、咨询等部门，并从引进为主转向走出国门搞跨国经营；天津市利用港口，建成与国际市场紧密联系、按照国际惯例运作、具有自由贸易区性质的保税区，已经正式招商。诸如此类，令人目不暇接，都显示了全方位开放带来的兴旺。

适应全方位开放的战略、政策和措施

从逐步开放到全方位开放，要求我们在工作上也提高到一个新水平。这是因为全方位开放不仅为开放创造了新局面，同时又带来一些新的矛盾和问题。最近一个时期，我国外贸、外经、外资的实绩都有超常规的增长，这是好事；但是另一方面，也出现了若干过去没有的内部摩擦。例如，在出口贸易上相互竞争加剧，在利用外资上相互打"优惠仗"，形成有利于外商、不利于我方的"买方市场"；又如，地区之间相互攀比，争名次、排座位，片面追求创汇额和"三资"企业个数，导致效益下降、结构趋同，缺乏应有的层次感；再如，大办开发区，省有市有县也有，甚至区镇乡村也有，到处划地为城，到处搞几通一平，其实相当部分不具备条件，存在着盲目性、随意性和主观性，易于把经济推向过热，造成不应有的损失。因此，面对全方位开放的新形势，有必要加强宏观的调控和指导，研究、制定和实行适应全方位开放的战略、政策和措施。可供选择的对策，有如下几方面：

——本着"全国一盘棋"的原则，从各地的实际出发，分别考虑各有特色的发展外向型经济的具体战略。我国经济发展不平衡，各地条件不同，必须因地制宜，扬长补短，才能形成一个对各地也对全国最有利的对外发展战略。几个经济特区，经过十年左右的建设，都有较好的基础，今后的重点就不该是量的扩张，而要着力于质的提高。沿海的城市和地区也要类似，要再上一层楼，转向高科技，有的已经决定适当限制"三来一补"或把"三来一补"升级为"三资"企业，是恰当的。沿边和内地的优势在自然资源，把开放和开发结合起来，确定主导产业，其道路将越走越宽广。对外开放，参与国际市场竞争，应当有分工、有合作；这首先要在国内有比较、有筛选，以增强各自的竞争力，进而增强整体的开放实力。

——在统一政策的前提下，针对不同要求，区别对待，防止一哄而起，优惠无边。对外开放必须有优惠政策，目的是创造良好的投资环境。但是，没有区别就没有政策，没有区别也就没有优惠。过去，政策的区域倾斜过大，产生一些副作用；现在，注意政策的产业倾斜，并不等于到处都一个样。因为各地要求不同，政策也该不同。否则，正如外商反映的那样："你们到处都优惠，我倒觉得没有优惠，难以抉择。"例如保税区或自由贸易区，各国都只能在条件适当的少数地区办，决不是越多越好，大家都办。设立经济开发区或技术开发区也一样，星罗棋布，遍地开花，就不能集中力量办好若干重点，必然是降低成功率，增加风险度。至于某些政策有待试验，例如引进外资银行和零售商业，更要稳定推开，不能失控。还有造"香港"，并非任何地方都有条件，不该成为普遍目标。

——继续加强内部协作，重视东中西和南北之间的优势互补，切忌"对外开放，对内封闭"。在沿海开放时，强调"外引内联"，是必要的和有效的；进入全方位开放，仍旧要或者说更要加强内部协作，防止力量的分散和抵消。这不仅是指资源地区与加工地区，固然要通过协作，以提高加工技术、形成规模经济；就是在水平和结构相近的地区，也不宜各自为政，而要形成合力。例如，开发和开放浦东，就不限于仅是为了上海的发展，更是为了整个长江流域甚至全中国：搞好了，内陆城市可以变为"沿江"城市，借江出海；搞不好，浦东又将成为"孤岛"，功能有限。西南各省区联合开发和利用广西的北海市，作为共同的出海通道，事半而功倍；相反，有的毗邻地区，由于行政分割，各自要建机场和港口，事倍而功半。

——大家都要有计划、有重点地搞好基础设施，培训人才，重视精神文明建设。如果说，在局部开放时，我们可以集中全国的力量，在人、财、物上给予支持；那么，在全方位开放后，需求增多和供给不足的矛盾就显得突出了。这要靠各地的努力，更要有计划、有重点地进行。国家也要根据可能，适当支持，特别是兴建一些跨地区的铁路干线等。培训人才也是这样，要国家和地方共同努力。另一个重要问题是随着开放面的扩大，还要大力抓好社会主义精神文明的建设，坚决抵制一切消极腐朽思想的侵蚀；当然，扩大开放也有积极的一面，只要善于引导，就能借鉴和吸收人类社会创造的文明成果，冲刷我们由于长期封闭而遗存的某些落后现象。

实行全方位的对外开放刚刚开始，任重而道远。衡量开放的程度和素质，不能仅看进出口额占国民生产总值的比重及其结构状况，还要看与国际市场的融合度、与国际惯例的对接度以及经济运行机制的适应度。按此标准，我们要做的工作很多。不久的将来，我国将恢复关贸总协定的缔约国地位，这对我们既提供了机遇，又提出了挑战。全方位开放，也适应了这个要求，并要求有更加周密的对策。可以相信，开放的发展会给整个经济的发展增加新的活力和动力。

中国大陆社会主义市场
经济的理论与实践

——在中国社会科学院与台湾中华
经济研究院联合召开的两岸产业结构
问题座谈会上的专题讲演
（1992年12月21日）

    1979年以来的改革时期，是中国大陆社会主义经济史上搞得最活跃、发展最快的时期。从1979年至1991年，国民生产总值翻了1.94倍，年均增长率达到8.6%；今年（1992年）国民生产总值预计增长12%左右。目前，国内消费品市场货源充足，货架上商品琳琅满目。改革以前是消费者找商品，排长队购货，有的商品定量配给，凭证供应，现在变成了商品找消费者。全国居民生活正在从温饱向小康过渡，其中东南沿海一些省市已进入小康。国内外人士的一个共同感觉是，中国经济正处在起飞阶段，正在进入一个新的繁荣发展时期。

    20世纪80年代以来中国大陆经济的繁荣，是来自改革开放的繁荣，是来自市场的繁荣，没有逐渐递进的市场取向的改革，中国大陆经济就有可能还是处在低效徘徊之中。从近半个世纪国内经济发展的经验和教训中，我们逐渐认识到，中国经济真正要起飞，要想缩小与发达国家的距离，不搞市场经济是没有出路的。

一、社会主义市场经济理论认识的形成

我们对发展社会主义市场经济有个认识的过程，经历了一些理论的波折。我们曾经认为社会主义与市场经济是水火不相容的，要搞社会主义就必须实行计划经济，放弃市场经济。按照这一理论，我们搞了近30年排斥市场的社会主义。20世纪70年代末80年代初改革以来，我们以一种十分强烈的务实精神，努力探索社会主义与市场经济相结合的途径。由于传统理论根深蒂固，要改变人们对市场经济的误解，并不是一件轻而易举的事，需要一个渐进的过程。这个过程大体经历了三个阶段：

第一阶段，20世纪80年代初期，提出"计划经济为主，市场调节为辅"的经济体制模式。这一提法的意义在于通过引进市场调节来打破原来单一的集中计划经济，不但让消费品成为商品，而且在一定范围内允许生产资料进入市场，允许农民自由经营。但这一提法并没有解决价格决定包括物资分配、投资、劳动安排、工资管理和部分消费品供应等许多领域中的指令性计划仍然占垄断地位问题，市场调节仍然受到许多的限制。

第二阶段，20世纪80年代中期，在政府的改革文件中，明确提出"社会主义经济是有计划的商品经济"。这一提法比"计划经济为主，市场调节为辅"的提法，发展了一步，它在体制意义上肯定了商品经济的地位。但是，这个提法没有明确计划经济与商品经济哪个为主，没有确定计划与市场谁是资源配置的主要方式，因而引起了许多争论。再者，只提商品经济而不提市场经济也意味着市场经济仍被认为是资本主义的范畴而被拒绝在社会主义的门外，直到1991年年底，正式刊物还只能提"市场调节"，不能提"市场经济"。

第三阶段，直到1992年春邓小平南方谈话提出了计划经济不等于社会主义，市场经济不等于资本主义的论断以来，社会主义市场经济成为普遍议论的问题。1992年10月中共中央召开的十四大，又正式向世界宣布：中国经济体制改革的最终目标是建立社会主义市场经济。

这样，经过十多年的探索和争论，我们基本上完成了从计划经济到市场经济的观念过渡。尽管至今还有少数人对社会主义接纳市场经济不理解，但是，大力发展市场经济，建立市场经济体制，把它作为建设有中国特色社会主义的基本内容，现在已经成为经济理论和经济政策的主题。

我们在"市场经济"之前加上"社会主义"的定语，主要有三个考虑：一是在多种所有制构成中，保持以公有制为主体；二是在多种收入分配形式中，尽可能注意社会公平；三是在经济运行中政府自觉调节和计划指导的作用可能要比西方市场经济国家更大一些。当然，"公有制为主"不等于"国有制为主"。我们需要改革公有制包括国有制本身的实现形式，容许非公有制经济的发展，还要大力发展股份制等混合所有制形式。分配平等也不等于平均主义的分配和实物化定额配给，而是采取市场调节和行政调节相结合的办法，兼顾公平与效率。而计划发挥较大的指导作用，也不是过去那样指令性计划控制一切，而是把指令性计划转变为政策性、指导性的计划。因此，中国大陆改革所追求的是建设现代的社会主义，是有中国特色的社会主义，在经济运行机制上它与现代市场经济是一致的。

二、中国大陆市场化改革的实践和当前格局

大陆经济改革从一开始就是一种"市场取向的改革"，只是在不同阶段推进市场化的进度不同。这一改革基本上是按两条主线分三步推进的。两条主线是：一方面培育市场主体，转换企

业机制；另一方面建立市场体系，改造价格机制。三步推进是：1984年以前改革的主战场是农村，目标是把农民推向市场，让农业和乡镇企业实行市场化自由经营，这是第一步；第二步，1984年展开城市经济改革以后，改革的辐射面扩大，但重点是非国有制经济市场化，大力发展个体、私人和三资企业，把集体和私有制企业推向市场，而这一步中以承包为特征的国有企业改革还属于传统制度内的改革；第三步，1991年第四季度开始，提出把国有企业特别是大中型企业推向市场的方针，成为改革的主要议程，这是培育市场主体最重要的一步。这样，大陆的市场改革，目标和主线逐渐清楚起来，如何处理改革和发展的关系也积累了一些经验，但有些年份我们对改革所需要的环境注意不够。如，1988年发生了经济过热和严重的通货膨胀，使改革受挫，但由于及时采取治理整顿措施，很快地解决了这个问题。现在大陆的改革环境总的来看比较好，因此在邓小平南方谈话和中共十四大决定的鼓舞下，上上下下出现了加快发展市场经济的热潮。

到目前为止，市场经济在中国大陆的发展已初具规模，主要表现在以下几个方面。

第一，农村经济市场化。改革以前，农村实行完全行政化的人民公社体制，农业和社队企业只有一种集体所有制，不但农民在农业生产、分配活动中没有个人选择的自由，生产队和当时的社队企业也都受国家计划控制，不受市场的调节。在农业实行家庭联产承包责任制、人民公社解体、社队企业改造成农民联合承包的乡镇企业以后，在投资、生产、销售以及从事农业劳动以外的剩余劳动力流动等方面，农民基本都从自己的需要和市场供求状况出发，自负盈亏，自我发展。经营和分配行为都在市场化。1991年，大陆农村的社会总产值为19 000亿元，占全国社会总产值43 800亿元的43.3%，这一块转向市场经济后，大陆经济市场化就形成了一个比较大的舞台。

第二，非国有制经济迅速发展。直到1979年，大陆工业的发展基本上没有个体和私人企业的参与；只有国营和集体两种公有制形式，其中国营工业1979年占78.5%，集体也只占21.5%。随着工业推行市场取向的改革，允许多种所有制形式竞争，非国有制经济迅速产生和发展，到1991年，在全国工业总产值中，国有部分所占份额比1979年下降了25.6个百分点，为52.9%，非国有部分上升到47.1%，其中城乡个体和私人工业占11.3%。由于非国有经济在物资分配上不享受计划配额，投资和购销完全由市场调节，分配上自负盈亏，基本上不享受政府的企业亏损补贴，所以，目前大陆工业中差不多有一半的中国工业已经走向市场化。在制造业中，国有企业所占比重1979年为80%，现在为50%，到2000年预计将进一步下降到25%。

从产业的角度看，中国市场化进程最快的是农业，其次是商业、饮食和服务行业，而商业市场化又以零售商业最快。从1978年至1991年，国营零售商业从54.6%降到40.2%，集体零售商业从43.3%降到30%，而个体和私人零售商业从2.1%提高到29.8%。

第三，国有企业有了一定的经营自主权。改革以前国有企业的一切都由计划控制，没有经营自由。现在国有企业在产品生产、购销活动、收入分配的投资决策等方面有了一定自主权。虽然生产钢材、石油和其他稀缺程度比较高的产品的企业，在购销上还有较多的计划控制，但大多数竞争企业购销受到市场影响。

第四，市场体系初具规模。经过十多年的改革，大陆市场调节的范围迅速扩大，最为突出的是价格市场化已初具规模。据统计，1991年农民出售农副产品总额中，国家定价的比重已降为22%；全社会商品零售总额中，国家定价的比重只有21%；生产资料销售总额中，国家定价的占36.6%。由国家计委负责平衡、分配的生产资料已从1978年的256种降为20种左右。全国消费品价值总额中，有80%左右由市场调节，生产资料价值总额中市场调节部分达60%左右。

目前，我们正在加快房地产市场的改革，1992年春以来各地的住宅商品化进程加快。我们采取两种办法，一是部分住宅公有产权不变，分步提租；二是出售部分公房，实行住宅私有化。这两种做法的目的是要建立市场调节的住宅分配体制。同时，城市土地使用权的市场交易也在扩展。我们正在探索地产分配实行市场调节和行政调节相结合的途径。另外，城乡非国有制领域的劳动力市场已初步形成，劳动力可以自由流动，国有企业的劳动制度改革的步伐也在加快，如实行厂内待业，允许从事第二职业等。但富余人员推向市场还有许多工作要做。在金融市场改革方面，目前深圳和上海的证券交易所经营兴旺，证券的异地交易也在发展，最近正在考虑进一步稳步推广股份制改革和逐步扩大股票市场。

第五，东南沿海率先发展市场经济。分地区看，内地和边远地区的市场化进程比较慢一些，深圳、厦门、珠海、海南和其他沿海开放城市快一些。但是，随着对外开放从沿海向沿江和沿边扩展，我国西北和东北边境地区市场经济的发展速度加快，同时东南沿海的市场经济已进入了深层次的发育阶段。

在中共中央十四大进一步肯定了把建立社会主义市场经济体制作为改革目标以后，大陆市场经济的发育和成长将加速，看来市场化进程比我们原来预料的要快一些。

三、加快市场取向改革的难点及其解决途径

在大陆建立社会主义市场经济是一项崭新的事业，没有现成的经验可以利用。我们的改革是一个学习和探索的过程。经过十几年的探索，我们积累了一些经验。但是，目前和今后以市场为取向的改革还面临不少困难。无论在市场主体和市场体系的培

育上，在市场规范和市场法制的建设上，在市场运作的宏观管理上，都存在许多问题需要我们继续探索、解决。

比如，加快建立市场经济体制，首先碰到的是如何加快培育市场主体能够自主决策、自主经营和自负盈亏的企业问题，这方面，非国有经济扩大的趋势提供了有利的条件。但关键问题仍是国有制本身特别是国有大中型企业的改革，十几年来进行得不够理想。"政企分开"的原则早在1984年关于经济改革的决定中就已提出来了，但是实行起来障碍重重。至今"大锅饭"、"铁饭碗"以及财务预算约束软弱的问题，在许多国有企业都远远没有解决。目前国有企业机制转换进行缓慢原因很多，其中很重要的一点是政府职能尚未改变，原来适应于计划经济体制的庞大的政府机构，还在直接干预企业，形成对企业改革的障碍。另一点是在目前社会保障和社会保险制度还未建立健全的情况下，在实物化福利分配体制还未变革的情况下，企业承担着过多的社会义务（即企业办社会），还难以转让出去，同时，优胜劣汰的竞争机制在国有企业也难以真正实行。

再一个难题是，加快市场改革将使大陆面临较大的劳动就业的压力。到1991年年底大陆农业劳动力为3.5亿，据估计其中有1亿多是剩余劳动力，他们需要在乡镇企业和城镇安排就业。从1980年到1991年，全国每年新增劳动年龄人口在1500万左右，也需有新就业机会来满足。在这样一个背景下，如果在改革的浪潮中，从1.1亿全民所有制企业和国家机关职工中，再释放出近3000万富余人员，那么，安排就业人员的压力更为沉重。如何在国有企业机制转换和大幅度精简国家机关和事业单位人员的过程中，把一大批富余劳动力推向市场，也是实行市场取向改革中亟待解决的一个新课题。

再有一个难题是地方分权带来的，过去大陆改革集中计划经济的措施之一是，给地方政府下放权力，如实行地方财政包干等办法，但这同时带来了地方保护主义，区域之间搞市场分割形成所谓的"诸侯经济"，这当然不利于企业之间建立平等竞争机制，也不利于市场发育和统一市场的形成。

为了转变国有企业经营机制，尽快使企业成为真正自主经营、自负盈亏的市场主体，首先必须从理顺国有企业的产权关系入手，使企业成为法人实体；要通过实行股份制等办法缩小政府对企业直接干预的规模；还要建立和健全社会保障和社会保险体系，以减轻企业办各种社会福利事业等额外负担；特别要下大决心转变政府职能，把目前"大政府，小市场"的体制，改造成"小政府，大市场"的体制，政府应从过去直接抓企业人财物等微观管理为主，转到重点放在做好规划、协调、监督、服务以及通过财政金融政策搞好宏观管理上来。

为了解决劳动就业的困难，我们可以考虑采取两方面的措施，一方面是适当扩大投资规模，加快经济发展速度，以增加新的就业机会。原来十年规划确定在20世纪90年代GNP年增长率为6%，最近十四大调整为8%~9%。另一方面同时调整产业结构和就业结构，让那些劳动密集型产业特别是第三产业有一个较快的速度发展（预计从现在的27%提高到世纪末的35%~40%）。这样，通过总量增长和结构调整可容纳更多的就业人口。当然，总量增长和加快发展受到交通、运输、能源、原材料及熟练劳动力等资源供给的限制，特别是受到居民对通货膨胀承受能力的限制。改革以来居民对通货膨胀的承受能力已经逐步有所提高，但过高的通货膨胀会导致市场和社会的不稳定，所以增长速度又不能太快，这就要求我们努力改善宏观调控工作以处理好改革与发展的关系，保证市场取向的改革有一个比较宽松、良好的发展环境。

至于打破地区市场分割的问题，我们选择的解决途径是一方面发展跨地区、跨行业的股份公司和各种形式的横向经济联系，形成企业对市场一体化的内在要求；另一方面制定国内统一市场法规，限制和防止市场垄断割据，努力完善中央统一的宏观调控管理。继续进行价格改革，使价格结构进一步合理化，对于打破地区市场分割也是至关重要的。当然，要消除地区分割，从根本上说必须依靠彻底的政企分开，不但中央政府要实行政企分开，地方政府也要实行。

市场经济是人类文明的共同财富，它不是某一种社会制度所特有的东西。在中国的历史上，市场经济早有发展，只是在近几十年，我们大陆曾经采取计划经济制度，才对市场经济疏远了。现在，这种误解也已成为历史。大陆和台湾地区尽管在政治和基本经济制度方面存在着差异，但我们在经济管理、经济运行和经济调节等方面，有了一些共识，在经济学的交流方面有了更多的共同语言。在这个意义上可以说，中国的市场化改革对东西方的相互开放也是一个直接的贡献。它不但为大陆经济走向世界创造了有利条件，而且为世界走向中国提供了一个良好的环境。我希望关心大陆经济发展的人们，特别是台湾地区经济界和经济学界的同仁对大陆市场化改革的途径、经验教训以及未来可能出现的问题进行研究，并提出有参考价值的见解和建议。

对90年代经济增长速度问题的再思考*

——高速有效增长战略及其宏观政策
（1992年12月）

　　1989年、1990年制定和通过的我国经济发展的"八五"计划和十年规划，把20世纪90年代的经济增长率定在6%。在研究计划思路时，我们曾考虑，执行结果实际可能超过计划的1~2个百分点，估计实际增长率将会达到7%~8%。当时国际国内政治形势比较严峻，在治理整顿中经济普遍存在市场疲软，当务之急是实现稳定，因此市场取向改革的进程不得不暂时减速，各地增长潜力和趋势未能充分显示。在此背景下，提出90年代平均6%加上1~2个百分点余地的年增长率，已不算低。但现在看来，我们面临着一个有利于经济发展的国内外环境，只要改革开放势头不逆转，转向市场经济体制的步伐加快，同时宏观政策在结构调整、资源节约和资金效率上狠下功夫，90年代我国经济增长将会超过原来的预计，有可能继续维持20世纪80年代达到的高速水平，实现年递增9%左右的高增长率。

＊　中国社会科学院经济学科片形势分析小组课题研究报告，课题负责人：刘国光；课题执行人：张卓元；主要执笔人：陈东琪、任建平；参加讨论人员：刘国光、张卓元、戴圆晨、陈东琪、任建平；原载《要报》1992年第48期。

一、实现高速有效增长的有利条件和环境

GNP年递增9%左右，这是20世纪90年代我国国民经济发展过程内涵的客观趋势值，它的实现取决于如下有利条件：

其一，体制改革力度加大，全方位发展社会主义市场经济，不但可以进一步释放出旧体制压抑下的更大经济潜能，而且可以产生出80年代所未出现的整体增长功能，明显高于周边几个速度较快的国家和地区。亚洲"四小龙"1981—1990年的年均经济增长率为8%。90年代它们有可能出现趋势性减慢，但仍可能保持在7%~8%，与1981—1990年相比，中国大陆经济90年代的增长还不会出现趋势性减慢，虽然GNP基数增大，递增一个百分点更不容易，但市场取向的改革步伐加快，辐射面由东南沿海扩展至全国，势必更全面地提高体制效率，有可能在改善资源配置效率的基础上，实现较快的中长期经济增长。

其二，扩大开放、经济外向化程度提高，将加大对经济增长的推动。1981—1990年，我国进出口占GNP的比重由15.4%提高到31.4%；出口弹性系数由"六五"的0.85上升到2.25。1991—2000年，我国出口扩展的趋势不会下降，其原因是沿海开放向沿江、沿边以及内地开放逐步延伸的方针提出后，东南沿海地区通过外向型发展战略而引导的高速增长，有可能依次带动毗邻地区和内地的经济发展。尽管我国目前出口依存度达到17%左右已不算低，但我国出口额占世界总出口额的比重还只有2%左右，如果我们积极推行出口扩展的政策，将这个比重提高到4%，那么90年代的出口增长速度仍可维持或略微超过80年代年均增长12%左右的速度。它对经济增长的推动力也可保持或略微超过80年代。

其三，是产业结构调整的增长效应。及时进行大的产业结构

调整，比如提高第三产业占GNP的份额，可以加快总量经济增长。20世纪80年代，我国第三产业产值增长率年均10.9%，略快于GNP增长，但它的基数很低，到今天仍处于很低的发展水平，1990年仅占GNP的27.2%，比80年代只增加6.6个百分点。90年代第三产业将加速，其占GNP的份额2000年可能增加到35%~40%，据推算90年代第三产业增长率年均可能达到12%~14%，比80年代快2~3个百分点，它成为总量经济加速增长的主要带动成分。

其四，传统产业的设备、技术更新换代以及新兴产业的开发是推动1991—2000年高速增长的不可忽视的因素。目前，我国传统产业的技术设备大部分停留在20世纪五六十年代的水平，具有国际水平的占12.7%，国内先进、一般水平仅分别占19%和47.9%，落后水平占20.4%。即使仅对这1/5的落后技术设备进行更新改造，也会形成超过80年代固定资产更新的需求。大幅度设备更新包含两个增长效应：一是投资需求扩大，二是资本—产出率提高，形成供求共同推动增长的"两刃效应"。就新兴产业开发而言，企业信息管理、办公现代化和部分家庭的文娱、教育以及科研现代化对电脑需求的扩大，电话普及，家用汽车规模扩大，按市场经济法则开发房地产等，都会推动经济保持较高的增长率。

其五，非国有经济和民间资本的加速发展，是保证20世纪90年代经济以较快速度增长的又一个重要源泉。这一部分经济，由于主要靠市场机制调节，在资源配置与经营活动上有很大灵活性，劳动效率和资本收益率高，如果其份额扩大，整个国民经济增长的自主动力将扩大，同时又会通过竞争推动国有经济和公有经济提高效率。80年代，非国有经济对工业、商业和建筑业产值增长率的贡献分别为56%、58.5%和56%，对投资增长率的贡献为39%。但是，1984—1990年，非国有资本占全社会固定资产投资份额，基本稳定在36%左右的水平。其中，城乡个人固定资产投资份额约为22.5%。可见，80年代非国有经济特别是民间经济对GNP增长率贡献的扩大，主要源泉是劳动投入和劳动效率，而不是资本投入及其效率。如果90年代扩大非国有资本特别是民间资本在总资本中的份额，比如由36%和22.5%分别提高到40%和30%左右，那么它们对90年代GNP增长率的贡献就比80年代要大。

除了上述改革力度加大、经济外向化程度提高、第三产业扩大、老设备技术更新换代和新兴产业开发以及所有制结构变化等，会产生增长加速效应的客观有利条件外，还有一个不需要增加投入并且与结构改进和效率提高无直接联系的增长效应，这就是经济商品化、货币化、市场化程度提高，在统计上导致GNP规模扩大。目前，城市居民还享有相当一部分免费、半免费的商品和服务消费，还存在半供给制福利分配，能源和原材料的低价格局未根本扭转，如果经济货币化程度提高、相对价格变成市场均衡价格，目前属于低估的价值额将转入实际的GNP统计中，这对提高GNP增长率的影响是显而易见的。

此外，20世纪80年代改革和开放带来的经济发展效果，为90年代的经济增长打下了比较雄厚的基础，提供了良好的市场供给背景：产品供给从整体上看比较充裕；粮食产量连上三个中台阶（以0.5亿吨为一个中台阶，从1978年的3亿吨上升到1990年近4.5亿吨）；能源产量规模增长2/3，按标准煤计算的能源由1978年的6.3亿吨提高到1990年的10.4亿吨；许多产品位居世界前列等。还不应忘记的是，十余年来改革开放和经济建设提供的丰富经验，基本路线百年不变带来政治稳定的效应，都将大大有利于我国经济在今后10年继续以较高速度向前发展。

二、高速有效增长的制约因素及其解决的途径

从经济学界近半年关于增长速度的讨论来看，比较一致的看法是，原定6%的增长率过低，实不可取。互相争论的方案大体有三种，即7%~8%、9%左右和10%以上。从本报告开头的论述中可以看出，7%~8%的观点，只是在原计划6%的基础上，将留有余地的1~2个百分点加进来，实现上仍未突破原规划时特殊环境下的特殊估计。那么是否可以达到10%以上呢？根据我们的分析结论，10年平均增长率在10%以上，缺乏现实基础，只能存在于个别或几个年份上，难以成为10年平均趋势值。如果允许增长的上下波动值分别在4个百分点左右，那么向上波动年份的增长率就在14%以上，形成比1984年、1985年更强的"过热"，这可能造成高额通货膨胀和市场不稳定，最终不得不搞紧急刹车，导致过度扩张后的过度衰退。

进一步看，20世纪90年代我国经济增长要实现9%左右的速度，也还有一些制约因素和矛盾，需要妥善处理。

第一，要实现9%左右的目标，工业增长率也必须在12%~14%，而工业增长最重要的制约因素是能源、交通运输和原材料。

先看能源。20世纪80年代，能源的需求增长略为快于供给增长。这主要是因为"非物质生产部门"的能源消费及生活能源消费迅速扩大。到90年代，由于重化工业发展将超前于轻工业，服务业迅速扩展，城乡家用电器普及和家用汽车规模扩大，能源消费趋势可能加强，供求关系会趋于紧张。这将在一定程度上制约工业和总量经济增长。要达到9%左右的速度，必须从供和求两方面改善能源形势：一是能源生产量年平均增长继续保持80年代5%的速度，适当调减能源净出口量。二是调整能源消费结构，减少

一次能源消费在总能源消费中的份额，尤其是降低原煤的直接消费。三是能源消费节省。90年代与80年代相比，我国每吨能源实现的国民收入由619元提高到879元，每万元社会总产值能耗由7吨下降到4.7吨，尽管其中有价格因素，但还是存在节能趋势。90年代这个趋势和潜力还存在。目前，我国单位GNP的能耗仍然大大高于工业发达国家。能源有效利用率，美日等发达国家在50%以上，我国目前只有30%左右。这说明，只要改进能源消费管理、调整结构、提高技术、提高能源使用效率，90年代的节能潜力还是很大的。

再看原材料。从原材料生产与经济增长的关系来看，80年代每当经济增长超过10%时，原材料供求关系就趋于紧张，不得不通过扩大进口来弥补原材料缺口。尽管90年代初尚未出现原材料供给短缺，有的产品甚至出现结构性生产过剩，仓库积压，但只要经济增长10%以上，原材料过剩状况将会很快消失，1992年上半年已显示这种苗头；10%以上的增长如果继续下去，原材料短缺必然会发展到难以为继，最终不得不以较大幅度减速，使本来可能出现的小波动变成大波动。

最后看交通运输。对于90年代的高速增长，能源、原材料是一个相对约束，而交通运输则是一个绝对约束。这主要是因为交通运输的基础设施能力严重不足，而供给形成周期又较长，90年代扩展其投资所带来的供给在本期只能实现一部分。从20世纪50年代到90年代，我国运力供给特别是铁路营业里程增长速度呈下降趋势。这是由于交通运输投资减少。全民所有制单位基本建设投资中交通运输业投资所占份额，"一五"时期为15.3%，"七五"时期下降为13%，1990年只有12.2%，这势必使90年代，至少90年代上半期交通运输能力供给的增长进一步减速。在这个背景下，90年代继续维持80年代平均为9%的经济增长率，将遇到交通运输条件紧张的掣肘，要求从现在起就开始大幅度扩大交通

刘国光

经济论著全集

第
10
卷

建设投资，争取90年代后半期供给增长运输有所弥补。

第二，资金问题。由于收入形成加快，20世纪80年代在居民消费水平迅速提高的前提下，积累率由1952—1980年的28.12%提高到1981—1990年的32.8%，其中"七五"期间达到34%以上。由于国民储蓄水平提高以及扩大开放带来更多外资，加上以发行债券、股票为主要内容的直接融资性资本市场扩大，信用化程度提高，使资金周转加快，90年代的资金供给保持30%以上的积累率，从客观上看问题不大。考虑到90年代新兴产业开发、第三产业扩张、交通等基础设施加速扩张需要大规模投资，在其他产业、部门的投资维持80年代的平均速度的条件下，社会总投资需求增长可能加速。但这里也有两个制约因素：一是投资品供给的可能性有限，二是消费率不能持续低于66%~68%。这就要求不能把经济增长的期望值过分放在投资的数量扩张上，而主要应在改善投资结构、提高投资效益上做文章。值得注意的是，80年代积累和投资效率都呈下降趋势，积累效益系数（每一个百分点的积累率提供的国民收入增长率），由"六五"期间的0.32%降为"七五"期间的0.22%，下降了31.7%。全民所有制工业企业资金税利率由"六五"期间的23.7%，降为"七五"期间的18.3%，1990年降到12%。如果对资金效率下降的趋势不加遏制，即使保持"七五"期间的高积累率和高投资率，也不能继续保持9%的高增长率。所以，从资金条件来说，90年代的经济增长前景如何，在更大的程度上将取决于我们在提高投资效率和资金使用效率上的措施及其落实情况如何。

最近，有同志主张把加快经济发展的重点放在高积累和高投资上，主张以35%以上的积累率来实现90年代10%以上的高速（实际是超高速）增长。从整个90年代的发展看，这是不现实的。平均积累率如果提高到35%以上，则90年代的消费率将比80年代下降两个百分点以上，这是难以接受的，而且由高投资形成的高产出的一部分消费品，在市场上不能实现。为了保证居民消费水平的正常提高，并提高国民经济的质量素质，90年代年均积累率不宜超过80年代33%左右的水平，周期高峰年也应在35%以下。至于外资引进，90年代可以比9%的GNP增长略快一些，但是我国目前的负债率（外债余额占当年外汇收入的比率）和偿债率（还未付出额占当年外汇收入的比率）分别为97.4%和8.5%，低于国际警戒线100%和25%的标准。这意味着用适度扩大债务的办法来扩充资本投资促进经济增长，还有较大的回旋余地。但是外资非常规地过度加速，会产生较多的负面效应。在目前债务率和偿债率还处于安全区时，就应当考虑对债务增长采取谨慎对策，其原则应当是：在基础比例比较合理的前提下，使债务扩张与经济增长大体一致，所谓"大体"就是超速不宜太大。

第三，市场制约。由于改革开放带来国民经济前所未有的繁荣和发展，加上80年代末90年代初的治理整顿，我国经济格局正由卖方市场向有限的买方市场转化，总量经济增长受到需求的制约。90年代带动经济增长的首要力量将是投资需求的扩展，投资品市场问题不是太大，主要问题在于消费品市场和出口市场。80年代，我国生产企业和商业的库存呈增加趋势。以社会商业年末库存与GNP之比为例，"六五"期间库存率为28.17%，"七五"期间达到35.81%。另一方面，城乡居民储蓄与GNP的比例，从"六五"到"七五"提高了15.28个百分点，由15.75%上升到31.03%。这两方面的情况说明，消费品市场供给数量和买者潜在购买力都在迅速扩大，但实际购买和市场需求未相应跟随加速增长。看来，这一趋势将继续存在于90年代。调整生产结构，提高产品质量，疏通销售渠道，引导消费结构，刺激购买欲望，培育合理的消费热点等，将是缓解市场需求约束的基本途径。这里一个重要问题是，通过深化改革（如住房商业化等改革），排除消费体制上的障碍，增加购买力，特别要发展潜力很大的农村市场。近几年，家用电器（如彩电、电扇）和部分食品（如食糖）过剩，主要原因是农民购买力不足。目前，我国占人口80%以上的农民只占有全国总消费者购买力的50%左右。农民购买力不足，主要与收入水平提高不快紧密相关。1988—1990年，城市居民人均收入增长5.2个百分点，而农民人均纯收入只增长0.2个百分点，而且农民收入增长主要分布在东部地区，内地农民有相当一部分收入下降。为了提高农民的购买力，关键是加快农民特别是内地农民的收入增长。根本途径是全面发展包括农、林、牧、副、渔在内的农业和包括第一、二、三产业在内的农村经济，把剩余劳动力向非农产业转移，用大力发展农村市场经济及工商服务业来提高农民收入形成水平，拓宽农村市场。

随着我国经济对外依存度的提高，出口市场对经济增长的推动和制约作用越来越大。鉴于国际局势变化多端，应当继续推行外贸多元化的发展战略，在采取灵活的贸易政策，继续巩固和发展美、欧、日市场的同时，要努力在东欧、独联体及亚非国家和地区开拓市场。20世纪90年代，我国将加入关贸总协定，由于关税税率降低，进出口贸易自由度提高，出口扩展和进口扩展会同时生产。问题是，如果企业机制不迅速转换，产品质量及其在国际市场的竞争力不迅速提高，不但出口需求会受影响，而且可能出现的进口加速会提高国内市场供给的压力。这两方面都将冲击我们的企业生产和国内市场。这是需要认真对待、切实解决的问题。

三、高速有效增长所需要的政策指导

20世纪90年代高速有效增长由可能性转化为现实性，需要有政府的正确而有效的宏观政策指导，其目标在于创造一个良好的环境，发挥经济运行过程中的正面效应，尽可能减少负面效应。

概括起来看，政府政策指导主要包括三个方面：一是总量，二是结构，三是改革。

1. 改进总量管理。"八五"计划和十年规划提出要使国民经济转入持续、稳定、协调增长的轨道，其中，"持续、稳定"是指总量关系而言，它包含两个基本要求：（1）增长应当是持续性的，不出现大波动，周期性的小波动应与平均趋势线偏离不远，一方面经济不要过度扩张，另一方面又要避免过度衰退。（2）总供给和总需求应大体平衡，既要防止因过度投资、通货膨胀和信贷膨胀造成的总需求过旺而出现的供求缺口；又要注意因生产过多、消费不足造成的总供给过剩，而形成相反的供求缺口。在增长格局和宏观经济形势表现出一些新特征的90年代，要满足上述两个基本要求，既要坚持总量平衡的原则，又要改进总量管理的方式，政策操作要注意灵活性，尤其是在市场调节辐射面扩大的背景下，政府宏观政策操作的技巧尤显重要。我们认为，有以下几点值得考虑：

其一，实行灵活的周期调节政策。当经济处于复苏回升并向繁荣期转变时，不是让经济任意走上"过度繁荣"阶段，而是经济增长开始出现"过热"苗头时，实行向下微调，通过尽早施加一些平抑高峰的措施，避免经济过热。当经济开始紧缩、进入低谷时，不是继续加压收缩，而是用向上微调方式抑制经济全面衰退，这种双向微调可以在一定程度上起到熨平周期的作用。它容忍小波动，但控制大波动。

其二，注意投资和通货膨胀形成机理的新变化，适时调整对投资和通货膨胀控制的目标。随着居民储蓄率的提高（从1980年的9.4%提高到1990年的39.77%），储蓄转化为投资的机制愈益影响投资来源的变动，加上发展资本市场推动股票、债券发行规模扩大，直接融资渠道越来越宽泛，国家通过银行贷款和财政拨款调节的投资，在社会总投资形成中的份额会相对变小。此外，货币流通速度加快和无需货币媒介的商业信用发展等，都会推动投资规模扩大。所有这些，当实际投资需求过旺时，就会形成通货膨胀因素。90年代更容易出现的是这种来自信用膨胀的通货膨胀。因此，在新形势下控制需求，不仅要坚持货币发行速度与GNP增长速度大体一致，加进经济货币化和合理提价因素后，可适当提高货币发行速度，而且更要注意信用增长形势，防止信用膨胀。

其三，控制赤字规模，稳定宏观税率。20世纪80年代后半期以来，财政收入格局转换滞后于国民收入分配格局转换，税收收入未随企业、个人收入的增长而增长，90年代需在严格税法、完善税制基础上，强化税收管理，使宏观税率（各项税收与GNP之比）稳定在一个合理水平，使之对财政收入和经济增长保持一个协调的关系。从实现"利改税"后的1985—1990年经验数据（19.08%）来看，我国90年代的宏观税率宜稳定在16%~19%的区间内。为了保障赤字不加速扩大，下限宏观税率不应低于16%；为了保证比较高的经济增长速度，上限不宜超过19%；宏观税率的动态均值在18%左右，上下波动不要太大。在企业自主权扩大、居民收入货币化的经济背景下，政府充分而灵活地运用税收杠杆来调节收入分配、经济增长和财政格局，具有越来越大的意义。在经济周期的不同阶段，可以适当利用增税或减税的方式来调节增长变动趋势。我们主张放弃两个极端的理论：一是为了保证财政收支平衡，用高宏观税率来消灭赤字；二是为了高速增长，不惜采用高赤字政策。前一种属于"无赤字论"，后一种属于"赤字无限论"。我们认为，90年代的财政赤字应在国民经济资金的综合平衡中加以考虑，将财政相对平衡和经济高速增长有机结合起来。

总量管理从根本上来说，是对总供给和总需求对比关系的管理，无论是双向微调的周期调节政策，还是对投资、通货和信用的管理，或是选择适度赤字政策，其基本目标是要保持总供求的大体平衡，在保持总量相对平衡的基础上，推动经济高速增长。

2. 改善结构、提高效益仍是高速增长的核心。90年代的高速增长，不应是建立在铺摊子、高投入基础上，而应主要依靠劳动、资金效率的提高，依靠销售实现后的市场效益。从根本上来说，效率、效益的提高主要来自"体制"和"结构"两方面。

目前，在消费需求结构方面，由于价格和福利分配体制还未完全转向市场协调，存在许多行政限制和体制性障碍，有的领域价格门槛太高，使居民特别是城镇居民的生活消费开支，还主要用在食品、衣着和家用电器上；住宅、水电和交通的开支份额不到4%。但是实际上，城镇居民对这些潜在消费倾向和可能形成的购买力是不低的。90年代随着收入水平提高，食品和衣着消费相对份额将进入稳中有降阶段，对住宅、汽车等的消费需求势必提高很快。面对消费需求结构变化，要加快供给结构调整，加快与主导消费需求增长对应的产品和生产。80年代上半期，这种产品是日用品和食品，中后期是家用电器，90年代将是住宅、汽车和新兴家用电器。如果加快它们的发展，既可形成消费品供求对称，又可通过产业后向连锁效应带动建筑业和制造业的繁荣，推动经济增长。当然，实现这种供求对称，不仅要求适时调整供求结构，还必须大力改革消费体制尤其是半供给制。

扩大交通运输、通信等"瓶颈"产业的投资和生产，是90年代大力调整结构的又一个课题。经过多年的实践，已逐渐形成这样的共识，依靠一元化的政府投资来解决"瓶颈"产业庞大的资金需求是不可能的，必须大力拓展其他投资来源渠道。90年代应在投资体制改革推进的同时，继续扩大"瓶颈"产业特种债券的发行，并逐步推进"瓶颈"产业股份化实践，提高企业法人和广大居民对发展"瓶颈"产业的投资积极性。但在近期，政府仍应当担负公共设施投资的主要任务，尤其是要扩大全民所有制单位基本建设投资中运输邮电业的份额，可以考虑从80年代的13%~15%提高到15%~16%。如果交通运输能力上不去，将加剧区域性供求不平衡，这对经济增长9%目标的实现和经济效益的提高，都将是很大的障碍。

改善结构，提高效益还应当考虑劳动就业方面。目前农村还存在大量隐性失业，国有企业及国家机关和事业单位还存在很多"在职失业"人员。20世纪90年代应当通过加速工业化和大力发展第三产业、改革国有企业、压缩机关事业单位的机构，将上述三部分剩余劳动力分别转向非农产业、非国有经济和工商实业界，通过这种就业结构调整来提高劳动效率，促进经济增长。

3. 加快发展市场经济是实现高速有效增长的根本保证。90年代能否达到9%左右的高速增长目标，关键取决于改革开放的进度和社会主义市场经济的实质性发展。

围绕着发展市场经济这个主题来设计改革政策的目标，包括许多方面，我们在这里主要讨论以下四个方面：

第一，加快从"双轨价"向"市场单轨价"合轨。目前我们的价格结构还不能充分反映供求关系，能源、交通、福利性消费领域的需求大，供给不足，而价格的相对水平反而低；那些保持价格双轨制的商品和服务也因为价格决定没有充分放开，影响了供求平衡的形成，除极少数垄断性、公益性的产品和服务外，90年代应当使价格加快放开，将计划价和双轨价变成单一的市场价，形成一个自由变化的竞争性均衡价格体系。

第二，迅速发展资本市场和劳动力市场。目前我们的资本效益和劳动效率低，一个主要原因是资本、劳动力的流动性差，存量资本和已就业的劳动力存在严重的刚性，"进入"容易而"退出"难。解决的途径是迅速发展资本市场和劳动力市场，用市场的办法推动资本、劳动力存量调整，提高其流动性。生产要素的流动性提高了，其结构才能改善，效率才能提高，也将十分有利于促进高速有效增长机制的形成。

第三，用多种途径将国有企业推向市场。1990年，全社会固定资产、第二产业就业和工业总产值中全民所有制所占份额分别为65.6%、40.62%和54.6%，这说明全民所有制企业在经济增长中仍处于"主体"地位。但是，全民所有制企业的效益很不理想，盈利、微利和亏损企业各占1/3。要改变这一格局，根本途径是真正实行政企分开，把国有企业推向市场。这有多种途径：一是加快和扩大股份制对国有企业的改造；二是拍卖、兼并一些长期经营亏损企业；三是对一部分国有大中型企业可以不改变产权主体，在完善承包制下搞国有民营；四是加快政府职能转换，建立合理的相对价格体系，实行双向选择的弹性就业制，为国有企业机制转换创造一个有利的外部环境。现行国有企业的效率提高了，90年代的高速有效增长就有了主力军。

第四，加快民间资本的发展。到1990年，我国城镇私人固定资产投资只有125亿元人民币，占全社会固定资产投资总额的2.8%，即使把挂在"集体"账上的私人资本算进来也不过3%~4%，这个比例很低，90年代可以有一个较大的发展。如果政府采取扶植和鼓励私人办工厂、开商店、搞第三产业的政策，并且在法律上给予保护，就会改变80年代中期以来个体业主把相当一部分本应形成资本积累的收入，转移为消费基金的倾向。如果城镇私人投资由目前的3%左右提高到10%左右，那么私人经济对国民经济增长率的贡献就能比80年代大为提高，这将成为一个重要的增长源泉。

从目前的增长机制看，许多增长潜力和因素受体制限制，不但生产领域有，消费领域也有。那些福利型和公费消费型的商品和服务，就是因为消费体制障碍使其难以成为正常的市场交换对象，只有通过改革突破体制障碍，它们才能转为市场型，进入消费者自由选择的消费序列，才有可能成为经济增长的新生长点。因此，无论是从生产和供给形成看，还是从消费和需求因素看，我国90年代的增长潜力都是很大的，但是旧体制对增长潜力发挥的约束也还是很强的。要实现90年代高速有效增长的目标，重要途径之一是加快改革、扩大开放，用改革促进增长。

当前市场改革的难点及其解决途径*

（1993年1月6日）

在中国建立社会主义市场经济是一项崭新的事业，没有现成的经验可以利用。我们的改革是一个学习和探索的过程，经过十几年的探索，我们积累了一些经验。但是，目前和今后以市场为取向的改革还面临着不少困难。无论在市场主体和市场体系的培育上，在市场规范和市场法制的建设上，还是在市场运作的宏观管理上，都存在许多问题需要我们继续探索、解决。

比如，加快建立市场经济体制，首先碰到的是如何加快培育市场主体即能够自主决策、自主经营和自负盈亏的企业问题，这方面，非国有经济扩大的趋势提供了有利的条件。但关键问题仍是国有制本身特别是国有大中型企业的改革，十几年来进行得不够理想。"政企分开"的原则早在1984年关于经济改革的决定中就已提出来了，但是实行起来障碍重重。至今"大锅饭"、"铁饭碗"以及财务预算约束软弱的问题，在许多国有企业都远远没有解决。目前国有企业机制转换进行缓慢的原因很多，其中很重要的一点是政府职能尚未转变，原来适应于计划经济体制的庞大的政府机构，还在直接干预企业，形成对企业改革的障碍。另一点是在目前社会保障和社会保险制度还未建立健全的情况下，在实物化福利分配体制还未变革的情况下，企业承担着过多的社会义务（即企业办社会），还难以转让出去，同时，优胜劣汰的竞

* 原载《羊城晚报》。

争机制在国有企业也难以真正实行。

还有一个难题是，加快市场改革将面临较大的劳动就业的压力。到1991年年底全国农业劳动力为3.5亿，据估计其中有1亿多是剩余劳动力，他们需要在乡镇企业和城镇安排就业。从1980年到1991年，全国每年新增劳动年龄人口在1500万左右，也需有新就业机会来满足。在这样一个背景下，如果在改革的浪潮中，从全民所有制企业和国家机关职工1.1亿人中，再释放出近3000万富余人员，那么，安排就业人员的压力就更为沉重。如何在国有企业机制转换和大幅度精简国家机关和事业单位人员的过程中，把一大批富余劳动力推向市场，也是实行市场取向改革中亟待解决的一个新课题。

再有一个难题，是地方分权带来的。过去我们改革集中计划经济体制的措施之一是，给地方政府下放权力，如实行地方财政包干等办法，但这同时带来了地方保护主义，区域之间搞市场分割，形成所谓"诸侯经济"，这当然不利于企业之间建立平等竞争机制，也不利于市场发育和统一市场的形成。

为了转变国有企业经营机制，尽快使企业成为真正自主经营、自负盈亏的市场主体，首先必须从理顺国有企业的产权关系入手，使企业成为法人实体；要通过实行股份制等办法缩小政府对企业直接干预的规模；还要建立和健全社会保障和社会保险体系，以减轻企业办各种社会福利事业等额外负担；特别要下大决心转变政府职能，把目前的"大政府，小市场"的体制，改造成"小政府，大市场"的体制。政府应从过去直接抓企业人财物等微观管理为主，转到把重点放在做好规划、协调、监督、服务以及通过财政金融政策搞好宏观管理上来。

为了解决劳动就业的困难，我们可以考虑采取两方面的措施。一方面是适当扩大投资规模，加快经济发展速度，以增加新的就业机会。另一方面是调整产业结构和就业结构，让那些劳动密集型产业特别是第三产业有一个较快的发展速度（预计从现在的27%提高到20世纪末的35%~40%）。这样就可以通过总量增长的结构调整来容纳更多的就业人口。当然，总量增长和加快发展受到交通、能源、原材料及熟练劳动力等资源供给的限制，特别是受到居民对通货膨胀承受能力的限制。改革以来居民对通货膨胀的承受能力已经逐步有所提高，但过高的通货膨胀会导致市场和社会的不稳定，所以增长速度又不能太高。这就要求我们努力改善宏观调控工作，以处理好改革与发展的关系，保证市场取向的改革有一个比较宽松、良好的发展环境。

至于打破地区市场分割的问题，我们选择的解决途径是一方面发展跨地区、跨行业的股份公司和各种横向经济联系，形成企业对市场一体化的内在要求；另一方面制定国内统一市场法规，限制和防止市场垄断割据，努力完善中央统一的宏观调控管理。继续进行价格改革，使价格结构进一步合理化，对于打破地区市场分割也是至关重要的。当然，要消除地区分割，从根本上说必须依靠彻底的政企分开，不但中央政府要实行政企分开，地方政府也要实行政企分开。

市场经济是人类文明的共同财富，它不是某一种社会制度所特有的东西。在中国的历史上，市场经济早有发展，只是在近几十年，我们曾经采取计划经济制度，才对市场经济疏远了。现在，这种误解已成为历史。中国的市场化改革不但为中国经济走向世界创造了有利条件，也为世界走向中国提供了一个良好的环境。

论 "微调" *

——中国新闻社记者专访
（1993年1月15日）

不能简单地以速度快慢来判定经济的过热与否，而要以供需关系是否平衡来判断。

对当前的经济形势，主要有两种看法：一种看法是，目前经济发展速度已超过过热的1988年，应该赶快降温退热。另一种看法是，当前物价涨幅不大，供需基本平稳，没有必要采取紧缩、急刹车的措施。刘国光认为，两种看法都有失偏颇。他的看法是：对于刚刚到来的高速增长势头，不必大惊小怪马上加以限制；但是对经济高速增长中潜伏着导致过热的迹象，切莫掉以轻心。较为妥当的措施是：宏观要微调，改革要深化。

1988年的经济过热是建立在连续3年高速增长的基础上，当时处于经济发展的巅峰阶段。而1992年的经济升温，是建立在3年经济整顿的基础上，当时处在经济低速增长阶段。目前中国仍处于经济周期的上升阶段，高速发展的势头将持续到1993年年底，预计1994年速度将有所回落。

经济发展不能简单地看速度，而要看国民经济总的供求关系是否保持平衡。他说，1992年生产资料价格上涨，产品库存积压减少，消费品生产增长平衡，城镇居民实际收入的增长高于物价上涨的幅度；城市中家电产品已趋饱和，新的消费热点还没有形

＊　中新社1993年1月15日电，中国新闻社记者贾全欣专访。

成；农村在向城市看齐，但消费热潮还没有上来。凡此种种，表明中国经济发展没有到需要马上急刹车的时候，对此不必过于紧张。当然，导致经济过热的因素还存在，对此亦不能掉以轻心。

一是投资规模过大，大搞开发区热。一些大城市争盖楼堂馆所，到处都搞开发区；房地产、股票热，特别是投资热，新建项目多，且多为加工工业，属预算外投资，而基础工业相对滞后，生产结构的扭曲，造成新的"瓶颈"。

二是货币发行、信贷投放的增长，大大超过经济增长率。如果连续几年信贷投放过猛，就会引起新的过热和通货膨胀，改革和结构调整便很难进行，又要动大手术，这样造成的损失会很大。

要防止经济发展中的大起大落。在宏观政策上，一是不要用急刹车的办法降低速度，而要用微调方法控制增长速度。如提高银行利率，保持储蓄不要负增长，约束投资增长的势头等。另外，对与政府有关的投资行为，适当采用行政办法加以约束。二是要深化改革，政企分开，把企业推向市场。政府不要直接管企业，而要管规划、服务、监督、协调，创造宏观环境和条件。

企业机制和政府职能的转换，市场机制的培育，是改革的重点。在改革过程中，引起经济生活中的波动是不可避免的，关键是要采取微调的手段熨平这个波动，避免大的波动。

缅怀冶方同志，推进改革大业*

（1993年2月）

　　杰出的马克思主义经济学家、中国经济学界的老前辈孙冶方同志离开我们不觉10年了。在我国经济体制改革正进入攻坚战的今天，我们格外缅怀我国的改革理论先驱孙冶方同志。

　　冶方同志是率先向传统社会主义经济理论挑战的经济学家。我们不会忘记，是冶方同志最先批判了那种认为价值、价值规律与社会主义相排斥的传统观点，提出了把计划和统计建立在价值规律基础上的著名论断；是冶方同志最早认识并批判了传统社会主义经济理论的两个祸根"唯意志论"和"自然经济论"；是冶方同志最早批判了社会主义经济无流通论。冶方同志之所以敢于蔑视权威，向当时奉为圭臬的传统经济学挑战，勇气来源于他不唯书、不唯上、一切从实际出发、坚持真理的无私无畏精神。为此，在错误路线统治时期他付出了含冤入狱7年的代价。我们今后在进行社会主义现代化建设事业中，还会碰到许多新问题，需要用创新的精神来解决。我们应该学习冶方同志实事求是、无私无畏的态度，敢于反传统，突破一切已被实践证明为过时了的东西。

　　冶方同志是我国经济体制改革事业的先驱者、开拓者。早在20世纪五六十年代，他就对日益暴露出来的传统社会主义经济管理体制的弊病提出了改革设想，在20世纪70年代末80年代初又发

---

* 　原载《经济研究》1993年第2期。

展了这些设想。例如，把社会主义计划管理建立在价值规律的基础上，充分发挥价值规律的作用，用最小的劳动消耗取得最大的有用效果；正确处理国家和企业的权责关系，改革传统经济管理体制权力过分集中的状况，扩大企业自主权，使企业成为一个相对独立的经济核算单位；用资金利润率来评价企业的经济活动效果；把全民所有制经济内部的生产资料供应纳入流通渠道，用建立在合同制基础上的企业间等价交换的购销关系取代传统的实物配给制；改革不合理的价格体系，实行按生产价格定价的原则；重视企业的设备更新和技术改造；企业要为市场而不要为仓库而生产；等等。冶方同志的改革思想，不仅得到学术界的广泛赞同，他的一些改革主张也被中央决策圈所采纳。在我国经济体制改革之初，这些主张曾起到巨大的推动作用，在社会主义经济体制改革史上占了光辉的一页。

遗憾的是，冶方同志过早地离开了我们，没能看到我国经济理论界对传统经济学更深层次的突破，没能看到经济体制改革深入进行的实践。冶方去世10年来，中国经济学界在党的一个中心、两个基本点的总路线指导下，大大推进了经济体制改革的理论。我们党在十二届三中全会上提出了社会主义经济是公有制基础上的有计划的商品经济；十三大提出了社会主义初级阶段理论；十四大又明确提出我国经济改革的目标是建立社会主义市场经济体制。今后必将沿着小平同志设计的改革思路取得更大的突破。

应该承认，冶方同志在提出他的一系列理论主张时，他是走在时代最前列的，是改革的理论先驱者，但是，由于历史的局限性，冶方的某些理论观点难免打上时代的烙印。例如，他主张的社会主义经济商品外因论、社会主义条件下价值规律与商品生产脱钩论，就与现实不太合拍。他关于国家与企业的经济权限划分（即国家管扩大再生产，企业管简单再生产）的改革主张和设想也早已被改革的实践所突破，例如，实行了利润分成、以税代利、承包制、股份制等，都是他所没有想到的。我们应该用历史的眼光来看待这些问题，不能苛求冶方同志。我们要看到，冶方同志是个敢于修正错误的学者，当他发现自己的理论和主张已落后于实际时，他会坦率地承认错误，随着实践修正和发展自己的理论。就像他当年承认自己曾错误地一般地否定奖金制度和企业留成一样，我们也要认真学习冶方同志的追求真理、修正错误的治学精神。冶方同志离开我们已经10年了，纪念他的最好办法就是学习他的高尚品质、严谨的治学精神，发展他的改革思想，完成他的改革夙愿。我想，冶方九泉有知后人在他的理论基础上不断向前跨越，他是会欣慰含笑的。

冶方同志生前重视我国经济科学队伍的建设，特别关心青年经济理论工作者的成长。经过十多年的改革与发展，中国经济科学队伍不断发展壮大。与冶方同时代的一些老一辈经济学家还在努力耕耘。冶方当年的一批助手和学生大多已成长为中国经济学界的领导中坚，中年经济学者已成为经济理论和科研教学的主力军。尤为可喜的是，大批青年经济学子既学会了马克思主义的基本立场、观点，又学会了现代先进的经济分析和研究方法，可以更好地理论联系实际，得出切合中国国情的经济理论成果，并同国际经济学术界顺利对话、交流。而他们正是将中国改革大业进行到底的希望所在，中国经济学界后继有人，这是足以告慰冶方在天之灵的！

向市场经济转换过程中的宏观控制*

（1993年2月）

　　20世纪80年代末90年代初，中国经济出现了低增长。1989年、1990年，GNP分别只增长4.4%和4.1%。经过1991年的恢复性增长（7.7%）后，于1992年进入高速增长阶段，GNP比1991年增长12.0%以上。工业总产值增长21.0%以上，中国经济增长取得了相当好的成绩，发展速度超过了经济"过热"的1988年时11.3%的水平。

　　对目前我国经济形势的判断有两种观点。一种观点认为目前已经出现了像1988年那样的经济"过热"，主张控制需求，压低速度；另一种观点则认为目前没有"过热"，加快经济发展不会有什么危险，不应当限制刚刚到来的高速增长趋势。我们认为，1992年的高速增长是建立在前几年（1989—1991年）经济调整时期较低速度增长的基础上，即1992年处于经济周期的上升阶段，这与1988年的"过热"是建立在连续几年（1984—1988年）高速增长，达到高涨期的峰顶不同。故不能将目前的高速增长与1988年经济"过热"简单类比，而要看社会总需求是否大大超过总供给；要看居民对物价的承受能力。1992年我国经济高速增长中，对于伴生的一些矛盾和问题，应予足够重视和警惕。主要问题：一是在固定资产投资方面，新开工项目过多，占全部施工项目的比重超过40%，在建总规模过大，比1991年同期增长1/5和1/4；

　　* 　原载《经济社会体制比较》1993年第2期。

投资结构不合理，基础产业投资比例下降，一般加工制造业的比例上升，这将使产业"瓶颈"制约加重，形成经济"过热"的一个源泉。二是金融形势趋紧，信贷规模过大和货币投放量过大。三是社会供求关系在一些方面由宽松趋向紧张，结构性矛盾更加突出，特别是铁路运输等基础设施与基础产业的支撑能力薄弱，目前铁路运输只能满足货运需要量的60%~70%，成为我国当前经济生活中最突出的"瓶颈"。这些问题任其发展，预计到1993年下半年和1994年上半年，市场供求总量平衡的格局有可能被打破，通货膨胀就会超过居民的承受能力。一旦高速增长不能维持时，就不得不全面紧缩，这势必再次造成强周期波动。上述问题的存在，反映了我国经济体制和结构同经济高速增长的要求还不适应，因此，如何在向市场经济转换过程中，改革和完善宏观调控体系，就成为十分重要的课题。

党的十四大明确提出了将社会主义市场经济作为我们经济体制改革的目标，那么在这个新的体制中，政府调控和国家计划究竟处于什么地位和应该起什么作用呢？我认为，市场经济中市场是资源配置的基础性方式或主要手段，这丝毫不意味贬低政府调控和国家计划的作用，认为它们不重要，甚至可有可无。相反，对于现代市场经济来说，政府的调控是不可缺少的组成部分；尤其对于像我们这样一个发展中的社会主义国家来说，政府调控和国家计划更是建立和完善市场经济体系所必需的条件。

首先应该看到，市场作为资源配置的方式和手段不是万能的、无缺陷的。市场配置一般是由看不见的手，即价值规律、供求规律和竞争规律的作用来进行自发的调节，而且这种调节带有滞后性，就是说从价格形成到信号反馈再到产品产出效应，有一定的时滞。市场调节的这种自发性和滞后性特点，使得它不能处理好经济生活中许多事情。我以为至少有这么几件事情是不能交给或者不能完全交给市场或交给价值规律去自发调节的。第一件事情是经济总量的平衡，即总需求与总供给的平衡，如果让价值规律自发去调节，其结果只能造成周期震荡和频繁的经济危机。因此，单靠市场机制本身的运作，难以保证经济发展的持续稳定。第二件事情是大的结构调整问题，包括农业、轻工业、重工业的关系，第一、二、三产业的关系，加工工业与基础工业、基础产业的关系以及积累与消费的关系等大的结构调整问题。我们希望在一定时期内如10年、20年、30年，以比较少的代价，来实现我国产业结构的合理化、现代化，通过市场自发配置资源不是不能实现这种结构调整，如一些发达的市场经济国家的经济结构也是通过市场调节多年形成的，但这是一个非常缓慢的过程，要经过多次大的反复，要付出极大的代价才能实现。我们是经不起这么长的时间拖延的，也付不起那么沉重的代价。第三件事情是公平竞争问题。有人认为市场能够保证完全竞争和合理竞争，这是一个神话。市场的规则造成大鱼吃小鱼，结果必然走向垄断或寡断，垄断反过来抑制市场机制的有效运作。所以，除了自然垄断性部门和公益性部门外，对广泛的竞争性部门，包括不完全竞争的部门，现在一些资本主义市场经济国家也在制定反垄断法，保护公平竞争，而何况社会主义国家？第四件事情是有关生态平衡、环境保护、资源保护以及经济学上讲的"外部不经济"问题。所谓"外部不经济"就是企业有些行为的后果，从企业内看，不计入成本，没有什么不利，在企业外部却破坏了环境、资源、生态平衡，造成水、空气、废物污染等。这些外部的不经济，危害社会，危害今后地球的持续发展，危害人类的生存条件。对这些问题，市场机制是无能力解决的，甚至一国政府也难以解决，要求国际性的共同行动。第五件事情，社会公正与经济效率的关系问题。市场机制本身不可能实现社会公正，它只能在等价交换意义上实现机会均等的平等精神，这有利于促进效率和社会进步，但在收入分配上，市场机制自身的作用，必然是导向贫富悬殊和社会两极分化。在我们实行市场取向的改革过程中，这些问题已有一些苗头，引起社会的不满，影响一些积极性，所以政府应当在这些方面有所作为，防止这种现象的恶性发展。以上所列举的五个方面事情，都不可能完全交给市场，由那只"看不见的手"自发地去调节，而必须由"看得见的手"，即用政府的宏观调控和计划指导来解决这些问题。由于市场机制自身存在的这些缺陷，现代市场经济不但不排除政府对经济的宏观调控和计划指导，而且必须借助和依靠政府来干预市场的运行，弥补市场的缺陷。因而政府的调控作用，构成现代市场经济的不可分割的部分。

可以说，当代市场经济国家没有一个政府不对经济进行干预和调控的，当然，由于各国历史背景和市场发达的程度不同，政府干预和调控经济的程度也不一样。如，英、美等老牌市场经济国家的政府，对经济的干预调控比较少些，其市场经济比较自由放任；德、日等市场经济后起国家为了赶超，政府干预的作用就强一些；东亚新兴工业化国家的政府对经济干预和调控就更强一些，所以有人也把东亚一些国家的市场经济叫作政府主导型的市场经济。

中国作为发展中的社会主义国家，市场经济体制的建立和运作，更离不开政府的自觉干预和调控。中国要建立的社会主义市场经济既有市场经济的共性，又具有社会主义制度的特性。市场经济的基础，如企业的自主经营、自由的价格机制、优胜劣汰的竞争机制等，是不取决于社会制度的共性的东西。社会主义市场经济在共性基础上还有其特性，是由社会主义制度的基本特性决定的。这些基本特征最主要的，我以为就是在政治制度上的共产党的领导和在经济制度上的以公有制为基础的共同富裕的目标。社会主义制度的这些基本特征，不能不对市场经济的运作产生重要的影响，使其能够在社会整体利益与局部利益相结合的基础上，更好地处理微观放活和宏观协调的关系，以及处理促进经济效益和实现社会公正的关系——在这些关系上社会主义市场经济应当也能够比资本主义市场经济更有成效，做得更好。这样，社会主义市场经济机制的运行将比资本主义市场经济显现出更多的自觉性和计划性。加上我国作为发展中国家，市场体系发育欠缺，市场法规制度不完善，特别是我国还面临着赶超先进工业国家的历史性战略任务，这就决定了我国要建立的社会主义市场经济体制必然是一种更加强调国家和政府调控作用的市场经济体制。当然，在市场经济基础上强调国家和政府的作用，与在传统计划经济体制下国家和政府无所不包的经济管理所起的作用不同，它不应是以直接的行政指令为主的调控，而主要是通过市场运用经济和法律手段，进行间接的调控。

像任何事物都有两面性一样，我国社会主义市场经济运行中力度较强的国家行政调节，虽然有利于减少市场自身的缺陷，有利于实现社会主义基本制度的要求和有利于实现赶超的任务，但是也有可能由于计划指导的失误或者宏观调控力度的不当，产生新的问题（如重大的结构失调、"过热"与通货膨胀，"过冷"与市场疲软，等等），所以，社会主义市场经济中政府的调节力度较强的特点，既为发挥社会主义制度优越性提供了条件，又要求我们从我国国情出发，更加深入地认识和把握市场经济发展的规律，做好向市场经济体制过渡时期的宏观调控工作。

尽管我们进行以市场为取向的改革已经十多年了，现在又明确提出要建立社会主义市场经济新体制，但我国目前正在运转着的经济体制距离现代市场经济的要求还相当远，包括市场取向比较深入的沿海开放地区，也还不能说已经按照现代市场经济的要求来运转了。可以说，从全国来说，我们的经济体制还处在从计划经济向市场经济的过渡状态之中，这个过渡时期有许多既非典型的计划经济又非成熟的现代市场经济所具有的特点。对于宏观管理来说，我看以下几个特点是需要特别点出的：第一是新旧双重体制并存的局面依然存在。第二是卖方市场向买方市场的过渡没有完成。第三是融资来源由政府积累型向社会积累型的转换不可逆转。

第一个特点是，经过十多年市场取向的改革，我国经济生活中市场调节的因素增长不少，但是同时旧体制中尚有未发生根本性改变的因素继续存在，尤其是掌握国家命脉部门的国有经济部门的基本行为特征没有根本改变，依然是软的预算约束，负盈不负亏，投资行为和支出行为缺乏有效的自我约束。对与各级政府经济行为有关的经济单位来说，像利率这样一些间接调控手段的影响仍然是有限的。因此，实行规模控制和额度管理这样一类直接的行政调控手段还是必要的。另一方面，国有经济部门这些年来经济决策权下放，包括行政分权、财政分灶和某些自主权下放给企业；最近，投资审批权进一步下放，地方和企业债券股票发行实际在增加，各级政府和国有经济部门事实上获得更大的"融资自主权"。所有这些意味着以往多少有效的一些"直接的宏观控制手段"今后的有效性也会大大降低。在不存在十分有效的宏观调控手段的情况下，今后一个时期就必须加速经济改革，尽快完成从传统计划体制到新的以市场经济为基础的宏观调控体制的过渡。同时，综合运用间接调控和直接调控两种手段，使其协调配合，综合地发挥效果。

第二个特点是，卖方市场向买方市场的过渡尚未完成。这涉及对当前我国经济类型是属于需求约束型还是资源约束型的判断，这同宏观管理采取什么样的基本政策方针有关。因为需求约束型经济会经常出现社会总需求不足，政府宏观管理的侧重点是在经济可能会出现疲软和萧条时，通过扩张的财政和金融政策手段的干预而刺激经济和增加就业；资源约束型经济则因为软预算约束而形成投资饥渴症，经常出现社会总需求过旺、经济发展过热、求大于供的短缺现象，政府干预的侧重点则是通过控制投资和信贷规模保持经济的稳定增长。这两种调节是不一样的。前几年治理整顿，我国经济曾有一段时期处于市场疲软的运行状态之中，有些同志由此认为我国经济已不再是短缺经济，过去长期存在的卖方市场已转向买方市场，资源约束型经济已转向需求约束型经济。诚然，改革开放正在促成这样一种转换，但如果认为已经完成了这种转换，未免估计过高。这与前一点所说我国经济体制目前尚处于新旧双重体制并存状态是有联系的。尽管随着非国有成分的发展，软预算约束的范围在相对缩小，但国有经济至今仍然没有摆脱软预算约束和投资饥渴顽症，不论投资品的价格、资金成本是怎样的高，也不论投资的预期利润是怎样的低，都不会抑制地方、部门、企业的投资欲望，所以调整时期出现的部分买方市场并不牢固，一旦政府放松对总需求的调控，减弱干预力度，投资需求又会迅速升温，某些不牢固的买方市场就会回复到卖方市场的运行状态。1992年我国经济进入高速增长之后，某些生产资料又出现货俏价涨，特别是交通运输紧张的局面再次显现，日趋突出，便是资源约束重现的证明。至于消费品市场目前供求形势虽然比较投资而相对缓和，但这与城市居民新的消费热点尚未形成，和农民收入和购买能力的增长相对滞后，这样一些临时性的因素有一定的关系，但城市商品零售价格指数以两位数的幅度上扬，将逐渐触动消费者的预期，从而可能影响消费品市场趋紧。所以对我国经济类型转换和市场形势变化的判断应该有一个清醒的认识，这对宏观经济调控的侧重方向做出正确的决策具有非常重要的现实意义。

第三个特点是，经济建设资金来源从政府积累型向社会积累型的转换，这是我国市场取向的改革过程中在宏观经济管理方面最重要的变化之一。改革之初，在一次关于社会主义生产目的问题的讨论影响之下，曾提出调整积累消费比例，把当时认为过高的积累率从33%左右降低到25%左右，实际执行结果，1981—1983年这三年积累率分别降到25.3%、28.8%和29.7%，相应增加了消费的份额。此后，随着居民收入继续增加，消费的绝对额也逐步增大，在居民消费水平提高的情况下，在吃穿用开支之后仍然有大量余钱，因而城乡居民储蓄增长得更快，占GNP的储蓄即由6%提高到30%以上。这使得积累率回升，1984—1991年期间维持在34%强的水平，同过去的高积累率差不多，即国家财政资金在积累中所占份额大大降低，社会资金特别是居民储蓄所占份额却大大增加。这又是同居民收入水平和消费水平大大提高同时并行的。改革开放十多年来我国国民收入分配格局和经济建设资金来源格局的迅速变化，结束了改革开放以前旧体制下，国家财政主导型所导致的高积累和人民收入增长停滞和低消费的矛盾，促进了生产、分配、消费、积累转入良性循环。20世纪80年代的经验证明，城乡居民收入和消费的增长是刺激了经济的发展而不是抑制了经济发展，而采用限制居民收入、消费增长和强化政府积累来发展经济的办法会与市场经济运行的要求相悖，因而难以获得成功。

因此，20世纪90年代我国宏观经济管理在收入分配政策上是否要提出克服或纠正收入分配向个人倾斜的方针和口号，是一个需要慎重斟酌的问题。当然，为了适当加强国家财政宏观调控的力度，对国民收入分配格局做某些合理的调整也是必要的，但是，从总体上看，政府积累型向社会积累型的转换在市场取向的改革进程中是不可逆转的，这就突出了金融体系改革在宏观管理体系改革中的地位。随着最强有力手段的直接计划管理的大大弱化，同时中央财力下降，地方和企业财力加强，个人收入在国民收入中的份额增大了许多。今后，金融政策对经济的影响会越来越举足轻重，金融部门在宏观管理中的地位和作用日益加强。如何适应向市场经济转换过渡的需要，清理和摆妥计划、财政和金融这三个部门之间的关系，协同搞好90年代我国经济发展的宏观调控和计划指导，是一个亟待研究解决的课题。而金融体制改革又是90年代宏观管理体制乃至整个经济体制改革的突出重点，其成败关系到我国经济能否健康发展，乃至社会能否稳定，更是需要经济学界和宏观管理部门同仁共同努力研究解决的课题。

要准确把握市场经济的内涵*

——《经济日报》记者专访
（1993年2月19日）

记者（高善罡）： 有些同志提出，我们已经有了社会主义商品经济的概念，为什么现在又要提市场经济？我注意到，现在有些文章侧重于强调上述两个概念的区别，有的则称社会主义商品经济就是社会主义市场经济。您是怎么看这个问题的呢？

刘国光： 确立社会主义是有计划的商品经济与社会主义市场经济，是社会主义经济理论的两次突破，也反映了我们党在认识上的深化。十二届三中全会提出有计划的商品经济，解决了一百多年来反复讨论争议的问题，即商品经济与公有制能不能结合。但是，它也不可避免地带有一定的历史局限性，突出表现在它未能解决计划与市场何者为资源配置的基础方式和主要手段问题。正因如此，理论界对于"有计划"和"商品经济"这二者哪一个是侧重点一直争论不休。小平同志去（1992）年南方谈话和党的十四大明确肯定社会主义市场经济，并把它作为经济改革的目标模式，解决了我国社会主义经济中资源配置的基础方式和主要手段问题。

商品经济与市场经济，这两者既有联系又有区别。我从以下几个方面做些分析。

第一，从概念上看，商品经济是相对于自然经济、产品经济

---

* 原载《经济日报》。

而言，讲的是人类社会经济活动中交换行为是否具有商品性；与市场经济相对应的是计划经济，这是作为资源配置方式说的。这里讲的资源，不是指未开发的自然资源，而是指人们可以掌握支配利用的人力、物力、财力和土地等经济资源。社会经济资源任何时候都是有限的，而社会对资源的需求却是众多的、无限的。所谓资源配置就是社会如何把有限资源配置到社会需要的众多领域、部门、产品和劳务的生产上去，而且配置得最为有效或较为有效，并产生最佳的效益，以最大限度地满足社会的需求。在现代的社会化生产当中，资源配置一般有两种方式，一种是市场方式，另一种是计划方式。如果资源配置方式是以计划为主，那么叫计划经济；如果以市场作为资源配置的主要方式，那么就叫市场经济。从逻辑角度看，商品经济属于比较抽象、本质的内容层次，而市场经济则是更为具体、现象的形式层次。

第二，从历史角度来考察，商品经济由来已久，在原始社会末期就有了萌芽，它存在于多种社会形态之中，演变到现代社会高度发达的程度。但不是在商品经济发展的任何阶段上都有市场经济，有商品交换当然要有市场，但那不等于市场经济。中国古代秦汉时期就有长安、洛阳、淄博等著名的商业城市，它们都离不开市场，但不能说已经形成了市场经济。国外古代城堡周围的地方小市场也是商品交换的市场，但也不能叫作市场经济。形成市场要有一定的条件，那就是商品和生产要素要能够在全社会范围内自由流动，配置到效益最优的用项组合上去，它要求废除国内的封建割据和形形色色阻拦资源自由流动的人为障碍。

第三，从我国改革开放以后的情况看，市场经济在哪里发育得比较早，哪里的经济就充满活力；哪里仍然在以计划经济为主，经济就缺少活力。苏联、东欧发生剧变，一个重要原因就是传统的计划配置资源的方式一直没有改，成为发展经济和提高生活的障碍。我们的党正是从实践中看到了社会主义搞市场经济的必要性和必然性，在实践的基础上认识不断深化。在十二届三中全会之前，商品经济发展还不够，市场的作用在沿海和内地发挥得还不是很充分，大家的认识也并不一致，因此十二届三中全会不可能明确提出社会主义市场经济的提法。

记者：小平同志去年（1992年）的南方谈话中说，"计划和市场都是经济手段"，而党的十四大报告中把市场经济确定为经济体制改革的目标模式。您认为，作为经济手段的"市场"与作为改革目标模式的"市场经济"二者是什么关系？

刘国光：我也听到一些类似说法，如：既然计划和市场都是经济调节手段，计划多一点还是市场多一点，都与社会制度无关，那么为什么我们不能在保持计划经济的体制下实行计划与市场的结合，而一定要改为在市场经济的体制下实现两者的结合呢？

应当看到，市场与市场经济、计划和计划经济是不同的概念。市场和计划都是配置资源的手段，市场经济和计划经济则明确了在一个社会形态中，市场和计划何者为主要的资源配置手段。市场作为一种经济手段没有制度特征，它在一个社会形态中，可以是主要的，也可以是次要的；在计划经济体制下可以用，也可以不用。但有一点，在计划经济体制下如果运用市场手段，它所发挥的作用很有限，决不是主要发挥作用的，或者说是居于从属或次要的地位。在我国改革以前和改革初期的计划经济体制下，情况就大体如此。在市场经济体制中，市场手段所占的地位、所发挥的作用就明显不同了。它在资源配置中，必须居于主要的、基础性地位，否则就不能叫作市场经济。在市场经济体制中，计划调控的手段也还需要用，但它已经不是主要的、处于基础性地位，它的作用必须建立在市场手段充分发挥作用的前提条件之下。十四大明确了社会主义市场经济是我国经济体制改革的目标模式，其意义已不仅仅是明确我们要运用市场手段，更重要的在于强调了要以市场作为配置资源的基本方式。

记者：您是否认为，在市场经济体制下，强调宏观调控的作用会使计划经济体制有复归的可能性？

刘国光：我想这个问题不是简单一句话能说清楚的，可以从几个方面来认识。

首先，市场经济与包括计划手段在内的宏观调控，绝非势不两立。因为市场调节本身也有许多缺陷，需要政府的干预和宏观调控予以指导和弥补其不足。宏观调控是所有现代市场体系国家都有的职能，并不是中国的发明。计划经济体制在新中国成立初的历史条件下曾经发挥过不可低估的作用。只是随着经济发展水平提高、经济结构复杂化等客观因素，计划经济越来越不适应，必须转向市场经济。但是，在这转变过程中以及新体制建立以后，决不可能是无计划或者不要调控。

其次，在市场经济体制下运用的计划手段和其他宏观调控手段决不能再用传统的老办法。宏观调控主要是要解决市场经济解决不了的事情。计划不单单是指令性的，还要有指导性的；不再是无所不包的，微观的管理要放给企业自己管；不再主要用指标管理，即使是指标管理也要更注重用价值指标管理。宏观调控主要是运用财政、金融、外汇、物价等杠杆，解决短期总量大体平衡，短期经济正常增长，同时运用计划指导中长期的资源配置，制定产业政策。

再次，我国的市场经济尚不发育，与之相适应的宏观调控手段我们还没有学会。在中国向市场经济过渡时期的双重体制下，我们要尽量多用市场调节和间接调控。但是，如果完全用间接手段（例如像西方主要用利率调节经济），作用也很有限。因此，还有必要保留一部分直接的宏观调控和指令性计划。如贷款额度等。

最后，在我们这样一个社会主义国家，把调节力度增强一些，是比较容易的，这是我们的制度优越性的一个体现，也是我们的改革不会出大乱子的保障。但是，我们必须着眼于改革，把向新体制过渡、减少老的调控手段作为工作的出发点。如果大家的认识还停留在过去的水平上，对老体制不是弱化而是加强，回到传统体制的可能性也不是没有。对这一点，我们也应当有所警惕。

要准确把握市场经济的内涵

怎么看？怎么办？——谈"两机"风波*

——《经济日报》通讯员专访

（1993年3月2日）

记者（通讯员卢向东、实习生李月红）：您怎样看待"两机"风波这件事呢？

刘国光："两机"风波很有典型意义，它是我国由计划经济向市场经济过渡的一个产物，是新的经济体制与旧的经济体制并存时期，二者发生碰撞的结果。

记者：您对人才流动怎么看？

刘国光：人才流动是市场经济的一个通常现象，不值得大惊小怪。厂子可以吸收人，裁减人；个人也可以选择厂子，炒老板的"鱿鱼"。所以，"大机"的人才到"小机"无可厚非。

人往高处走，这不仅仅是因为工资待遇问题，还有重新创业的因素。老厂发挥不了作用，那么善于经营开拓的人就想寻找一个发挥才能的天地。人才要爱惜，老是平均主义"大锅饭"，对知识人才不尊重，是搞不下去的。

记者：那您怎么看待"大机"的境遇呢？

---

* 1993年二三月间，《经济日报》对大连一家大型国营企业——大连机床厂同另一家新成立的小型村办乡镇企业在人才流动问题上的争论进行了一个多月名为"两机"风波的系列报道。本文系系列报道之一，原载《经济日报》。

刘国光："大机"的境遇值得关注。它和"小机"的竞争是在不平等的起跑线上。它的负担重，税收和人员养老是"小机"所没有的，它的自主权也不够，所以说这是不平等的竞争，是市场经济不发达、市场规则不规范的产物，也是企业机制尚未彻底转换的结果。

记者：您怎么看待"大机"的知识产权问题呢？

刘国光："大机"的知识产权受到了侵害。即使图纸不让带走，可图纸印在了脑子里，人家用了，"大机"毫无办法。所以，需要研究制定一个保护的办法。

记者：您认为"大机"应该怎么办呢？

刘国光：两条路。一是自己救自己，能用的权力尽量用足用好，加快转换企业经营机制，勇敢地参与市场竞争。对知识分子在分配上要倾斜，这样不仅可以留住人，还可以流进人才来。二是社会要给"大机"创造条件，上面要把权力真正放给企业，在税收、摊派上不能比其他所有制的企业多，社会保障等负担问题也要解决。

记者："大机""小机"的竞争会产生怎样的结果？

刘国光："大机""小机"的竞争首先起跑线要一致，不能把一个胳膊腿绑得死死的，却让另一个放开手脚去跑。

竞争会产生两种结果，一种是在"大机"企业机制转不过去、市场竞争的平等条件又迟迟形成不起来的情况下，"小机"可能斗败"大机"，现在已经有了小厂吞吃大厂的不少例子；一种是国有企业经营机制转过来了，在平等竞争的条件下，"大机"不怕斗，结果斗败了"小机"；或者两者继续竞争，共同发展。这几种结果都不坏，它使资源配置优化了，对整个社会是有利的。

记者：您是如何看待市场竞争的？

刘国光：市场竞争是必然之路。国有企业受计划经济观念束缚，老按过去的方式搞，效益就不会上去。要逼"大机"走向改革，走向竞争，这才是我们的目的。所以说目前"小机"与"大机"的竞争，是推动生产力向前发展，推进社会主义市场机制更加成熟起来的事情。

记者： 面对"两机"风波，政府应怎么办？

刘国光： 我以为，政府不要再管企业的具体经营活动了，政府要关心的是制定政策和监督政策的执行，着重管好宏观调控，至于产、供、销怎么搞，人、财、物怎么分配，那是企业自己的事。政府职能要转变，但也不能走"翻牌公司"的道路，换个方式重新束缚企业。国家需关心资产的保值和增值，经营管理全让企业自己去搞，让企业到市场的海洋去游泳，这样企业搞好搞坏就是它自己的责任了。

记者： 乡镇企业也面临新的竞争，今后应该怎么办呢？

刘国光： 乡镇企业船小好掉头，有很大的灵活性。可是随着改革的深入，乡镇企业面临着越来越多的竞争。过去它面对的国有企业是又老又衰，而它自己像个灵活多变的孙悟空，但机制转换以后的国有企业，也将会生龙活虎，乡镇企业的形势就严峻了，它必须提高自身的技术水平和管理水平，以应付越来越强的竞争对手。

记者： 从"两机"风波看，我国经济体制改革应该如何深入？

刘国光： 简单地说有两点，一是国有企业如何转换经营机制；二是如何走向平等有序的市场竞争。

赴舟山考察纪要*

（1993年3月）

在舟山市委、市政府一再盛情邀请之下，1993年3月上旬刘国光副院长一行三人赴舟山群岛进行了为期一周的考察。

调研期间，刘副院长分别听取了舟山市及其下属普陀区、岱山县和嵊泗县领导同志的汇报；考察了全国最大的20万吨级岙山商用原油码头和老塘山港区、开发中的普陀山—朱家尖—沈家门旅游金三角和围海填土营造的东港新区，以及化纤厂、泡沫厂、电机厂等几家不同所有制形式的工业企业；观看了计划由军用辟为军民两用的岱山机构、宝钢拟建25万吨级铁矿中转泊位选址之一的马迹山深水岸段、进展中的用人工防波堤围成的泗礁山避风渔港、发展旅游潜力很大的嵊泗基湖沙滩和南长涂沙滩；了解了乡镇企业发展较快的泥峙乡，及人民生活提高较快的渔村樟州村的情况；调查了舟山外贸，特别是对台贸易的发展情况和相关的体制、政策及管理方面的问题；还兴致勃勃地登上台湾渔轮，同台湾渔民亲切交谈。舟山市委并专门请刘副院长为市委中心学习组二百余人作了关于社会主义市场经济理论的辅导报告。由于考察内容十分丰富，加上岛间交通的原因，所以日程显得十分紧张，渡船上、车上乃至晚上的时间，往往也被用来调查研究或交换看法。

在与舟山的同志座谈中，刘副院长根据调研中了解的情况，

---

* 汪向东协助整理。

161

谈了他对舟山经济社会发展的总的印象。他说，在来舟山以前，从其他渠道也了解到舟山的一些情况，这次实地考察，对舟山优越的地理位置，得天独厚的渔、港、景等海洋资料和优良的人文条件及巨大的发展潜力，有了更深的感触。我院舟山调研组的《研究报告》准确地把握了舟山的市情、岛情，提出的发展思路和政策建议是可取的。在到区、县及基层单位调研过程中，发现所接触的各级领导不仅有一种努力进取的精神状态，而且在关于舟山发展的许多重大问题上有共识，如舟山的优势劣势所在、渔业、港口、海岛旅游、外向型经济、基础设施建设等，基层和区、县所提出的发展设想同市里也很合拍，这些对于加快舟山的发展步伐是很有利的。

针对考察中遇到的具体问题，刘副院长发表了自己的看法，并提出许多重要的建议。他指出，岙山石油中转储运基地的建成并投入使用，32万吨级的外国油轮装载近20万吨原油一次靠港成功并圆满完成作业，创下了我国港务史上的新纪录。但目前原油积压在储油罐里运不出去，不少用户如炼油厂又十分急需，运输问题难以解决。现在原油内运仍需报批，还没放开由市场调节，地方及企业如没有准运证，即使有船也不能运输原油。老塘山港新建煤炭中转码头自然条件和技术条件都很好，但目前难以组织货源，计划统制下的"老港老运价、新港新运价"的价格政策，阻碍着平等竞争的运输市场的形成。这里反映出的问题是带典型性的，具体的原因可能有很多，但带着普遍意义的是在向社会主义市场经济体制转换过程中，如何用新的观念、新的准则和新的方法去解决条块之间、条条之间的利益矛盾，以及加快政府职能的转变，为新体制的发育创造条件。

关于舟山发展旅游，刘副院长首先肯定了调研组和舟山市把提高旅游档次、增加境外游客作为努力方向的思路是正确的，同时又指出，舟山拥有两个国家级、一个省级风景旅游区，特别是普陀山名气很大，要根据国内消费的发展趋势，对国内旅游的迅速升温有足够的认识和充分的准备。国内个人消费的热点，前一段是冰箱、电视、洗衣机等家用电器，下一步除少数人购买私人住宅和小汽车等商品外，多数人的消费还转不到这些方面，很有可能成为今后消费热点的是家用电话、空调设备等商品以及国内旅游。目前普陀山的接待能力在旅游旺季已显得十分紧张，建议有关方面考虑把游客往沈家门疏散，作为东港新区完成开发前的过渡措施，避免出现不利的后果。从长远来看，要开辟大、小旅游环形线，丰富内容，吸引游客延长旅游时间，提高旅游的效益。

在谈到舟山的工业问题时，刘副院长特别赞赏化纤厂等一批企业走外向型道路的经验。他指出，在海岛上发展工业受运输、能源、淡水等许多限制，如果眼睛只盯着本地的资源和岛内的市场，路子只会越走越窄；相反，如果跳出当地资源的限制，以岛外大市场，特别是以国外市场为导向，选择好工业发展的方向，就会减少不利因素的制约，在竞争中生存和发展。尤其是一些企业同舟山的渔、港、景优势并无直接的联系，如家具、玩具、皮革制品、电器等，其成功的经验很值得推广。乡镇企业和多种经济成分，在舟山工业发展中有很大的潜力，可以借鉴"苏南模式"和"温州模式"来加快舟山工业的发展。随着港口群的兴起，舟山也会出现大型的工业企业，要发展能源，重视节水和控制污染。

在改革开放方面，刘副院长再次肯定了调研组提出的"打破常规，以开放促开发，以改革保发展"的基本主张和具体措施，同意把"一港五区"（自由港、经济开发区、外商台商投资区、对台自由贸易区、旅游度假区和保税区）作为舟山进一步扩大开放的目标。他以舟山的对台贸易为例指出，发展市场经济不能满足于现行体制下一家对台、四家对外、大多数企业不能直接进入外部市场的格局，更多的企业参与国际市场的竞争是发展外向型经济的必然趋势，应该推动这一局面早日到来，同时搞好宏观调控，避免肥水外流。改革开放涉及许多政策性问题，一方面要把已经给的政策用足，另一方面又要提倡敢闯敢冒的精神，只要符合"三个有利于"的要求，就要勇于创新、勇于突破，改革就是这样首先在下面的实践中突破，而后得到中央的认可，形成新的政策推行开来，取得不断进展的。

此外，刘副院长还就房地产开发、创办舟山海洋大学、基础设施建议和人才问题等方面提出了意见和建议。

舟山的同志还向刘副院长介绍了1992年我院调研组帮助他们制定发展战略以来，特别是1993年2月该成果在京通过评审以来的有关情况，再次通过刘副院长向我院表示感谢。作为院领导和调研组的顾问，刘副院长高兴地得知，我院调研组提交的研究成果在舟山各级、各部门中赢得普遍的好评，浙江省有关部门如省政府咨询委、省社科院的专家，也对我院调研组的意见表示赞同。省咨询委2月中旬专门就舟山扩大开放、辟建"一港五区"的问题召开咨询论证会，通过论证，省咨询委明确表示支持舟山的要求。舟山的党政领导希望在实施发展战略的过程中，继续得到我院的支持。据悉，我院数技经所同舟山市计委的又一项合作课题已经开始启动。

市场经济引导大陆走出
传统迈向现代*

——台湾记者专访
（1993年3月13日）

记者（白德华）：刘副院长研究大陆宏观经济已数十年，能否请您谈谈，自中共十四大确定走向市场经济新体制后，市场取向的改革有什么进展。

刘国光：比较明显的有几个，一个是所有制的问题。过去是单一的所有制，国有的和集体的，当时经济领域很单纯，这是改革以前的情况。改革以后，多种成分的混合经济发展还是很快的，转轨转得相当快，非国有成分经济扩大得很快。在工业产值里面，过去国有成分占百分之七八十，现在也就是一半左右，非国有这部分包括乡镇企业、私营、三资企业，扩大得比较快，工业也是这样。在商业中，非国有经济成分的比重还更大一些，这是一个很明显的转换。

第二个明显转换的，就是我们的市场机制作用范围扩大了。过去，生产流通包括物资的流通、价格，绝大部分是国家计划的，国家定的，现在，国家计划的部分已经缩得很小了，工业的指令性计划现在也已缩小到百分之十几了。价格方面，消费品已有百分之九十以上由市场调节，投资品也大概有百分之七八十由

市场调节，过去有很多消费品不进入市场，都是凭票、凭证供应，包括粮食、布匹、煤炭等都要凭票证，现在都放开了，粮食基本上也放开了。过去生产资料不是商品，只能由国家调拨，现在则大都由市场来调节，都进入了市场，除了商品以外，其他的在过去都没有市场。

目前，劳动力人才也可以流动，过去人才是统分统配的，由国家计划，军队复员也是国家分配，一个人到一个地方就是终身，也不能解雇，自己也不能跳槽，现在情况都变了。劳动力市场也已形成，像每年春节后，农村大量的剩余劳动力就向沿海开放地区流动一样。在国有企业部分，合同工也在发展，不像过去的固定工；资金方面，过去根本是国家、财政统包、统分、统配的，现在资金市场慢慢形成了，包括股票债券也逐渐形成。还有科技市场，研究科技怎么转化为商品，转化为生产力。这方面，我觉得中国台湾还是做得不错，大陆还是比较差的，但我们也在转换，近期会有些结果。

记者：从计划经济转轨到市场经济，分配格局也应该起很大的变化吧！

刘国光：是的，这方面的变化也是很大的。过去，我们的资金是国家整个国民经济周转建设及发展的资金，基本上是一条线，就是政府。政府把国民收入通过分配再分配，集中到政府手里、财政手里，然后财政再进行投资，包括固定资本的投资，最初几年还包括流动资本的投资。改革开放以后，一部分转卖银行，但由于整个国民收入分配格局起了变化，现在国民收入分配由于放权让利，整个的再起变化，中央向地方下放，国家向企业下放，同时，企业向职工个人福利、奖金的转让也增多。还有就是个体经济、私营经济的发展，也使得国民收入向个人倾斜，向私营、向企业倾斜。可以说，现在固定资产的投资主要已不是国家投资，而是银行在投资。银行集中大众社会的存款，或者是企业自筹，慢慢地以债券股票的形式，把金融储蓄都动员起来，向这个方向转换。这是不可逆转的形势，是很大的一个变化，这使得我们整个的经济管理格局也要转变，政府单一型投资的格局向市场的方向转变，成为多元化的投资，而且向社会集资，包括银行、金融市场使社会的储蓄转为投资，这是金融市场机制的结果，也是很重大的一个变化。

记者：刘副院长先前提过农村人口往沿海、开放地区迁移的情况，在市场经济发展的今天，您怎么看这一现象？

刘国光：这是我们整个现代化过程中面临的一个大问题，也和大陆本身的国情基本连在一起，农村人口众多要往外移，就业安排就不容易。实施市场经济以后，政府很多人事要精简了，企业要合并了，农村也要发展，特别是那么一大批农民。现在，农村每年以一千五六百万人口的量增加，每年农村人口成长接近一个台湾。美国农业人口占3%~5%，台湾农业人口的比例也很低，我们则占得太多。大陆目前是二元化结构，一方面，现代化的经济在发展；另一方面，我们原来传统的农业还没有完全消灭，传统农业消失的过程就是如何把农业人口转换到非农业人口的问题，这可不是十几万、二十万人的事，这是个大问题。一个是我们要加快发展经济，使之容纳更多的就业人口，但这条路还是有限，也不能太快，太快就要翻车；另外就是结构调整的问题，比如鼓励乡镇企业再发展，并加快劳动密集型第三产业的发展。这样，就能比较容易容纳大量的劳动人口，解决就业问题。再一个，就是解决劳动就业的保障制度，这是个很大的问题。

记者：换届人大会议即将开幕，往年中央一向很重视经济成长的问题，以目前经济发展的速度来看，刘副院长认为经济是不是又有"过热"的迹象？

刘国光：对于经济是不是"过热"这个问题，现在有几种不同的看法。一种认为，去年（1992年）国民生产总值达12.8%，工业产值20%以上，好像跟1988年的"过热"景象差不多，认为货币发行太多，已经"过热"了，应该紧急刹车采取紧缩政策。另一种意见则认为，现在没有"过热"，现在还是经济上升时期，和1988年已经连续几年"过热"的背景不同，我们前几年都是治理整顿，比较低速发展，现在是回升时期，不要大惊小怪，还可继续发展。还有些人认为，现在哪是"过热"，应该是"过冷"吧，特别是地方，你认为全国经济"过热"，我认为我这地方还要加快发展哩。

总的来说，确实有些发展速度是快了，如投资热、房地产热、股票热、开发区热，这个现象有，但情况和1988年不同。一方面，我们经过这几年的发展，供给能力加强了，特别是农业，农产品很多，消费品也很多，不像1988年时市场上没东西卖，现在农产品则储备过多，是卖不掉。另一方面，我们去年经济发展的比较快，主要是投资方面的拉动多，和我刚说的房地产热、开发区热都有联系，投资方面拉动得多，而消费方面没有过多，审批权下放的结果，地方的投资也比较多。

消费物价方面，去年上涨百分之五点几，还在居民可以承受的范围内。而居民的实际收入也在增加，城市居民去年的实际收入增加了8.8%，这是扣除物价上涨的情况，农村居民的收入也增长了百分之五点几，所以居民的心理一般还是稳定的。总的来说，有些地方个别出现了一些波动，但从全国来说算是稳定的，消费比较稳定，而比较紧张的主要是一些投资品，如钢材、木材、水泥，这些投资品的价格涨得多，但因为可以进口加上库存，还调剂得过来。所以，价格是上涨了，但不像1988年那么厉害。总的来看，物价还是在正常范围，城市物价确实高些，但城市物价上涨主要是因为粮食的计划价格调整所带来的，而不是需求"过热"所拉动的，这是价格改革本身的作用，价格合理化过程出现的现象，所以也不是能令人大做文章的事。我看，确实有些"过热"的现象，但总体经济的发展还是正常的，速度高，但还是正常范围。

记者：对于您认为"过热"的部分，八届人大会议后，有关部门会否做出一些因应调整的措施？

刘国光：房地产热、开发区热，特别是投资热，主要是新建项目太多。投资本身的总规模去年已增加了百分之三十几，把物价一扣就是20%，这是去年一年。但去年一年是在过去几年投资比较低的情况下，如果从1989年算到1992年，把它加起来再和1988年一比，现在投资的总量并不是很多。所以，我个人看法，投资不是总规模、总额的问题，而是新建的东西太多，新铺的摊子太多，小型分散的项目太多，这样就造成再建规模扩大。年度规模并不是很大，但再建规模会使明年、后年、大后年的技术投资款项加大，所以，再建规模扩大就促进今年、明年、后年投资还要往前冲。

另外，在投资结构上，现在地方投资搞得多，又重复建设了一些加工工业，而基础设施、基础工业还是滞后，这个东西过若干年后，又将成为一个新的"瓶颈"制约。本来，我们的基础工业都是制约的，现在这样的情况，投资结构不往这方面倾斜，而是往加工工业如机械等方面倾斜，再过一两年，又要变成一个新的"瓶颈"制约。

对于这些情况，我们不能粗心大意，对经济可能的"过热"，要加以宏观上的技术微调，应控制投资的规模、信贷的规模和其投向。对此，可以采取两种办法，一种是经济的办法，即市场办法，一种是行政办法，即用配额的办法。在目前情况下，恐怕两个手段都要用，因为我们现在是双重的体制，完全用市场的办法也办不到。用配额的办法，用额度限额控制，拿市场及行政的办法并用，再以宏观控制着，目前恐怕只能这样。

另一方面，我们也应加快金融体制的改革，从直接行政的控制尽快地转向积极的经济市场化，这要从改革上想办法。短期内只能两种办法并用，宏观总要控制，否则马上搞的通货膨胀，物价上涨，人心惶惶，改革也改不了。

记者：最后能否请您谈谈对未来市场经济的展望。

刘国光：我们现在是下定决心走市场经济这条路了，但总还会遇到很多困难。企业自己也还转不过去，在观念上、思想上也还存在很多困难，这些问题都不好解决。有些具体的政府部门要他交权，他不愿交权，或很勉强地交权，这都需要一个过程。不是说有没有决心的问题，这需要逐步来，你搞的太激烈会遭到社会的抵抗，民众心理及行为的抵抗，这要做工作，要有一个过程。有些事不是一条命令就可以贯彻到底的，还要有社会心理上的适应期，特别是涉及利益调整的问题。

我们的改革还是要渐进式的改革，不能像美国沙克斯搞的"休克疗法"这么干，我们虽是渐进式，但也要加快改革步伐，不能慢吞吞的。改革的意识还要建立，改革的立法、改革的政策等都还要加强研究。

深圳经济特区90年代经济发展战略总研究报告

——率先塑造社会主义市场经济新体制，把深圳经济特区建成现代化国际城市（1993年4月）

一、深圳的基本经验概述

（一）总结深圳经验的意义重大

深圳从一个边陲小镇崛起为一个相当规模的新兴城市，正如有些外国朋友所说，它是"一夜城"，发展速度在国内外都是罕见的。它以十多年的时间，走过亚洲"四小龙"从20世纪60年代起的二十多年所走过的道路，在全国率先显示"小康"的雏形。深圳有许多"中国之最"，包括：发展速度最快，改革步子最大，开放程度最高，人民得益最多等。全市从1979—1991年，国内生产总值从1.96亿元增长到174.46亿元，国民收入从1.6亿元增长到127.57亿元，工业总产值从0.71亿元增长到271.97亿元，财政收入从0.17亿元增长到27.3亿元，出口总额从0.09亿美元增长到34.5亿美元，增长幅度为80~300倍，每年平均递增50%以上。目前，深圳人均国内生产总值、人均实现利税、人均创汇以及人均收入和消费水平，都居全国首位。这就是脍炙人口的"深圳

---

* 原载《深圳经济特区90年代经济发展战略》，经济管理出版社1993
   年版。

速度"。

邓小平同志视察南方时，再次肯定了深圳办特区的成功。遵照邓小平同志南方谈话精神，认真总结深圳十多年来的基本经验，既是在全国进一步推进改革开放和加快发展的需要，也是研究和择定今后深圳经济发展战略的出发点。

（二）深圳办特区是推进全国改革开放的成功决策

党的十一届三中全会决定对内搞活经济、对外实行开放的方针。但是怎么起步？当时缺乏经验。根据邓小平同志提出"可以划出一块地方，叫作特区"的设想，深圳和其他经济特区先后诞生。这不仅是借鉴国外的"自由贸易区"或"出口加工区"，并有更加广泛和丰富的内容。主要区别是：国外这类区域一般是单一功能，而我国经济特区是综合功能；国外一般面积很小，基本上是无人居住区，而我国的特区面积较大，深圳特区内已有百万以上人口；国外一般限于区内贸易或加工，仅对外不对内，而我国的经济特区在功能上则是外引与内联相通，并向内地辐射。显然，这是有中国特色、在国际上有创新意义的社会主义的经济特区。

在五个经济特区中，深圳具有特殊的位置。这里是开放的前哨，既可以通过中国香港走向世界，又可以通过广州等地辐射全国。它也是改革的先锋，可以吸收香港和国外的某些成功之道，融会、消化、吸收和改造、创新，为全国发展社会主义商品经济提供借鉴。如果成功，对全国有启迪；即使失败，不致影响大局。

因此，深圳的任务不仅仅是建设和发展本地，更要为全国服务，包括有形的方面，如提供商品、物资、资金和人才；无形的方面，主要是为改革开放探索和积累经验，这就是所谓"窗口""扇面"和"桥梁"的功能。十多年来，深圳出色地完成了

刘国光
经济论著全集
第
10
卷

既定任务。拿开放来说，它的开放度居全国首位，进出口总额仅次于上海；利用外资约占全国的1/7，三资企业的密度也居全国首位；引进了一批先进的或比较先进的技术，不少产品成为名牌。它在引进大量内资的同时，为内地输出商品和输入所需物资、设备、技术，为外资投向内地穿针引线，并为内地培训人才、传授管理经验、传播技术知识、沟通信息等，在所有这些方面，深圳都有令人欣喜和信服的记录。

深圳经济特区的成就不仅表现在经济建设上，而且反映在人们观念的转变上。她向国内外展示中国的对外开放是怎样开始并带动全国的，展示中国的改革是如何进行并取得重大成就的。在一定意义上，可以说，深圳是中国改革开放的象征，代表着中国人民奋发图强、不断创新、赶上发达国家与地区的决心和意志。

（三）基本经验

1. 深圳特区之所以成功，归根结底，是由于坚定不移地贯彻发展外向型经济，大胆地进入国际市场。深圳作为经济特区，第一标志是开放。1985年制定特区的战略目标时，就在全国最先提出要发展外向型经济。标准是：资金来源以外资为主，工农业产品以外销为主，外贸和外汇收支有顺差。现在，这一目标已经达到。几年来，深圳大胆地走向国际化，力争与国际市场相融合，充分利用两种资源和两个市场，从不畏首畏尾。这方面的具体经验：一是用好用足优惠政策，在税收免减、土地使用、外汇管理、出入境手续、审批程序和办事效率以及法制保障上有竞争力。二是积极改善投资环境，除上述政策、措施属于软件外，还超前和配套地建设基础设施等硬件，并广辟投资来源。三是利用外资形式多样，从初期搞"三来一补"到及时转向三资企业为主，从主要搞中外合作、合资到积极欢迎外商独资，从主要办工业到加快发展第三产业直至办外资银行和中外合资零售商业，都进行了大胆试验，并取得了成功。四是在充分利用香港的同时全方位地开拓海外市场，在引进来的同时努力走出去发展跨国经营。在诸如改革外贸和外经体制，举办工贸、农贸、商贸、技贸联合企业，建立外汇调剂市场和保税区等方面，深圳都走在全国前列。

2. 坚持改革，以市场调节为主，迈向社会主义商品经济新模式。为了适应走向国际市场的要求，深圳原来确定的改革模式就是"在宏观计划指导下以市场调节为主"。这些年来，深圳坚持市场取向的改革，充分发挥市场作用，在搞活经济、发展经济方面取得了很大成绩。这方面的具体经验：一是所有制改革，实行多种所有制并存和共同发展，形成目前国有、集体、个人和外资企业在特区经济中竞相发展的格局；二是企业改革，以三资企业为参照系，引进三资企业的经营机制，开始把国有资产管理从政府的双重经济职能中分离出来，并进行股份制改革和股票上市试验，把企业推向市场，使企业逐步成为真正相对独立的商品生产者和经营者；三是市场改革，较快地建立了比较成熟的商品市场，在全国率先进行了计划、投资、劳动、物资、土地等领域的改革，使各种生产要素市场较快地成长，同时放开物价并使要素价格适当浮动；四是政府职能转换，逐渐从直接调控经济为主转向间接调控为主，更多地运用财税、金融和产业政策来调控市场、引导企业，并对城市规划、土地开发、人口增长、环境保护等采取不同形式的计划，相应地精简机构，基本上不设行业主管部门。在建筑工程的招标中，实行干部聘任制、职工合同制和结构工资制，养老、待业、医疗等保险的社会化，住房和地产制度的改革等方面，深圳也大多走在全国前列。这些改革，不少是借鉴香港等地市场经济的做法，并在实践中有所创新。

3. 以改革开放促进经济发展。深圳为全力促进经济发展，逐步优化产业结构，使经济既高速增长，又取得较好的效益。深圳经济发展很快，但没有出现大的起落，原因在于比较注意靠转换运行机制和参与国际交换来加快发展。同时，在发展中比较注意调整和优化产业结构，避免比例失调。1985年拟定的"以工业为主、工贸并举、工贸技结合"的发展方针，得到了切实的贯彻。这几年来，第一产业稳定增长，第二产业迅速发展，第三产业有所提高。1990年三者的比重是5.2：52.9：41.9，显示了初步工业化的特征，并在城市化、缩小城乡差别方面取得显著成绩。这方面的具体经验：一是工业始终处于主导地位，并逐步升级，其发展过程是基础先行、市场导向、下游快进、上游紧追，很快建立了电子、电力、纺织、食品、机械、建材、石化等行业，并拥有一批高新技术企业和高新技术产品以及大型企业（集团），成为发展商贸的支柱和先进科技的载体；二是农业实现商品化、外向化、集约化、现代化，现已建立起蔬菜、水果、水产、畜牧四大基地及其社会化服务体系，成为以出口和供应特区为主的创汇农业和城郊农业；三是科学技术越来越成为经济发展的动力，通过政策倾斜、引进人才，特别是发挥特区市场机制灵活的优势，把国内外的一批科技成果尽快转化为生产力；四是第三产业得到高度重视和放开经营，交通、通信、商业、贸易、旅游等发展迅速，金融、信息、房地产等蓬勃兴起，其影响也波及内地。

4. 建设物质文明的同时建设精神文明，真正做到两手都硬。这是在改革开放条件下，处于两种文化交汇点的深圳至关重要而复杂的任务。深圳政府较早地制定了《深圳经济特区社会主义精神文明建设大纲》，并做了具体规划，坚持不懈。十多年来，从发挥"开荒牛"精神到提倡"开拓、创新、团结、奉献"的特区精神，目标明确，卓有成效。文化建设得到充分重视，教育事业迅速发展，文艺、体育、新闻出版、广播电视都成绩斐然。市领导一手抓经济建设，一手抓打击各种刑事犯罪和严重经济犯罪活动，除"七害"斗争做到经常化。还坚持从严治党，倡廉惩腐，对干部强调"四个特别"（特别高的觉悟、特别好的作风、特别严的纪律、特别高的工作效率）。到深圳的人会感到，虽然深圳的商品经济意识很强，但它的政治空气也很浓，深圳人的精神面貌是健康上进的。

（四）肯定经验、正视问题

肯定深圳的基本经验，并不是无视当前还存在的若干问题。这包括：基础设施相对落后，用水、用电和运输、通信紧张，企业职工和居民的住房问题还未根本解决；技术不高的"三来一补"发展过多，导致用地过多、人口机械增长过快；传统体制的很多弊病还未根本革除，多数国有企业活力还不强；市场发育还处于初级阶段，某些方面很不规范；宏观管理上还有一些漏洞；在投资环境和各方面工作上，法制还不健全；环境保护、社会治安和纠正不正之风，还有未尽如人意之处；等等。提出经济繁荣背后的问题和不足，是从另一端来总结经验，目的在于进一步办好特区。

（五）推广深圳经验注意要点

对深圳的经验能否适用于内地，大致有三种情况：一种是有普遍性的，例如加快改革开放推动经济发展的经验在全国推广，将有利于内地的进一步解放思想、活跃思路和具体借鉴；一种是适合于某些开放城市、开放地区和批准的开发区、保税区，主要是指特区如何执行优惠政策和灵活措施，例如对三资企业的管理、外引与内联结合等；还有一种是深圳独有的政策和措施，特别是由于毗邻香港而带来的某些优势和对策，例如"二线"的设置和管理、"前店后厂"的格局等，对多数地区并不适合。从总体上看，前两类经验占多数。当然，推广深圳经验必须与当地、当时的实际情况相结合，不能生搬硬套，因为各地具体条件不同。深圳建立特区已有十多年，已形成某些小气候，例如开放程度、市场发育、企业活力、社会心理等，与内地有一定的空间差和时间差。因此，对深圳经验的推广应当有步骤、有区别地进行。内地发展也不平衡，沿海和内陆、城市和农村、商品经济较发达和欠发达地区，都会从深圳的经验中得到一些有益的启发和借鉴，但在借鉴中要有所选择、有所创新。

二、20世纪90年代深圳面临的形势和任务

（一）深圳经济特区已走过了创业和初步成型的两个阶段，为下一步发展奠定了坚实基础

进入20世纪90年代以后，深圳往哪里去？它在全国的地位和作用会不会有变化？在此时刻，除总结经验外，应当分析面临的形势，明确自己的任务，研究和选择新的经济发展战略。

分析形势，首先不能离开我们所处的国际大环境。国际形势的新特点是经济竞争加剧、科技进步加速和多极化、区域化。在2000年前后，世界经济发展中心将逐渐转移，亚太地区政治比较稳定，经济很有活力，发展速度可能最快。这个地区，日本是经济大国；原来的"四小龙"你追我赶；东南亚新的"四小龙"正在崛起。我国是这个地区发展中的大国，必须迎接挑战，抓住机遇，把国民经济推上新的台阶，才能在这个地区和世界的经济、政治中占有相应的地位，才能使社会主义立于不败之地。

深圳的位置直面香港，与新老"四小龙"都靠近。海内外人士正在议论"华南经济圈"，深圳和香港一起处于其核心部位。论挑战，深圳首当其冲；论机遇，深圳适逢其时。

（二）从国内形势看，20世纪90年代是实现第二步战略目标、进入"小康"、承上启下和继往开来的关键时期

邓小平同志南方视察后，各省、市、自治区先后提出加快发

展的新的战略、规划和对策。党中央对深化改革和扩大开放也有新的部署，其中之一就是最近决定实行全方位、多元化的对外开放。这种形势，对深圳来说，也是挑战和机遇并存。过去实行梯度开放，很多优惠政策向深圳倾斜，可以认为是全国支持深圳办特区。现在，开放面日益扩大，优惠政策的适用面也日益扩大。在这些新开放的地区中，有的地区的某些条件确实优于深圳，例如工业基础较好、自然资源较丰、科技实力较强、周围腹地较广等，这些情况，带来两个后果：一是深圳的支撑力量分散了；二是深圳的竞争对手增多了。

深圳处于珠江三角洲，这里是一片热土。尤其是中山、顺德、番禺、东莞等市县，区位与深圳相仿，而资源比深圳多、工资比深圳低、与内地的关系比深圳密切，逐步实行基本相似的优惠政策以来，发展速度越来越快。展望深圳的前景，不能不与左邻右舍作相应的比较。

（三）从深圳本身的形势看，包括两个方面：一方面，深圳与香港唇齿相依，被称为"一国两制"的连接点或结合部

1997年临近，香港将回归祖国，这与深圳的关系十分密切，要求有新的对策。过去深圳与香港在经济发展水平和经济运行机制上落差大，有其种种原因。但1997年之后在继续保持香港繁荣的前提下，如何逐步缩小落差，是不能回避的问题。有的同志认为，香港是资本主义经济最繁荣的地区之一，而深圳面对香港，应当建成社会主义经济最发达的地区之一，两者相傍并逐步缩小差距，才能显示社会主义的优越性。另一方面，在深圳特区内，经过十多年艰苦创业，已经蔚为大观，但也存在一些问题，受到一些制约，例如人多而地少、企业多而素质相对较低等。看来，应当在已有基础上，扬长补短，充分利用各种有利因素，抓住香港回归祖国的新机遇，开创特区建设的新局面。

（四）进入20世纪90年代，深圳在新形势下将承担一些新的任务

对此有几种提法：一是造一个社会主义的"香港"；二是同整个广东省一起赶上亚洲"四小龙"；三是在率先进入"小康"后再率先实现第三步战略目标，即达到中等发达水平或新兴工业地区水平。这几种提法的共同点是：要求深圳继续迅速发展经济、增强实力，成为全国改革、开放、发展的先锋，在全国各地区中，深圳经济特区既要首先建立经济体制新模式，又要在经济发展速度和经济实力的增强上领先，在经济实力上赶上或接近香港等新兴工业地区或国家。总的来看，这三个目标是统一的，又有不尽相同的具体要求（如人均国内生产总值达到什么水平），有待具体研究。

（五）根据以上情况，我们认为，与80年代比，深圳今后承担的任务，并没有减轻；深圳在全国的地位，并没有降低

我们应当站在全国看深圳，办好特区为全国。深圳作用不限于深圳或广东、华南，而要面向全国、服务全国。集中起来，从20世纪90年代起，深圳在国内、国际的地位与作用可以大致归纳如下：

——深圳是全国开放的东南前哨，外向度最高，商品、技术、资金、人才、信息的国际交流最为方便，始终是对外开放的窗口之一，要率先与国际市场相融合。

——深圳是全国改革的试验场，探索性最强，各项改革都可以在这里率先试验，为深化改革不断提供新思路，在全国首先塑造和完善社会主义市场经济新体制。

——深圳是全国发展的突击队，要保持较高的增长速度和人均效益，力争到21世纪初率先达到中等发达水平，实现工业、农业和科学技术的现代化。

——深圳是全国在华南对外、对内的两把"扇面"的中枢，必须继续同内地保持紧密的联系和强大的辐射力。

——深圳是珠江三角洲的一块宝地，在广东追赶亚洲"四小龙"的进程中，要继续充分显示自己的活力，起到带头作用和骨干作用。

——深圳是东南亚经济繁荣中的闪光点，将逐渐成为这一地区的国际金融、贸易、旅游中心之一和区域性的国际化城市，经过10~20年的努力，成为新腾飞起来的亚洲另一条"小龙"。

总之，深圳经济特区到2000年前后，应建立起充满生机的新的经济体制，经济运行体制与香港以及国际惯例基本融合，经济实力显著增强，成为我国经济最发达地区和南方重要经济中心之一，在我国实现第二、第三步战略目标中将起重要作用。

三、20世纪90年代的发展目标和产业布局

（一）实行战略方针的转换

经过12年的建设，深圳有了一定的基础，1985年我们和深圳的同志一起制定的发展战略，提出的许多目标已经达到，根据新阶段的要求，必须实行经济发展战略的转换。我们认为，深圳在20世纪90年代的战略目标可以概括为：继续当好全国改革开放的"试验场"，率先建立社会主义市场经济新体制；促进产业结构优化和整体素质提高，使经济发展水平再上一个新台阶；把深圳建设成为以高新技术为"龙头"、外向型工业为主导、第三产业兴旺发达、农业现代化水平较高、社会安定、经济繁荣、人民生活水平较高、文明健康的多功能经济特区和综合性的现代化国际城市。

（二）争取实现较高的发展速度

深圳市国民经济和社会发展的十年规划和"八五"计划纲要，业经市第一届人民代表大会第二次会议批准。按照此规划，到2000年国内生产总值为600亿元，国民收入为420亿元，年均递增率为16%；工业总产值800亿元，年均递增率为15.5%等。邓小平同志南方视察以后，深圳正在重新调整经济增长速度的规划。我们认为，深圳经济发展虽已达到较高水平，基数大了速度会降低，但达到比上述指标更高的速度是完全可能的。因为深圳的投资环境比较优良，资金来源充裕；市场信息较灵敏，商品销路较宽广；第三产业的发展潜力更大。可以肯定的是，20世纪90年代深圳特区的发展速度仍将大大高于全国平均水平。我们根据对深圳80年代和1991年经济发展情况，以及深圳主客观条件的分析，提出低中高三个方案，即国内生产总值的增长速度分别为19%、21%和23%，到2000年，相应的国内生产总值总额为834.6亿元、969.6亿元和1123.8亿元。按全市人口450万人计算，人均国内生产总值分别为18 546元、21 546元和24 973元。工业生产总值的增长速度分别为18%、20%和22%，相应的总产值为1131亿元、1315亿元和1526亿元。农业生产总值的增长速度分别为8%、9%和10%，相应的产值为20亿元、21亿元和23亿元。外贸出口额的增长率分别为16%、18%和20%，相应的出口额为131亿美元、153亿美元和178亿美元。

我们认为，低方案应为必保目标，中方案较为稳妥，建议作为规划目标并加以具体化。当然，高方案也有可能争取实现。不同的发展速度，所要求的客观条件是不一样的。目前深圳基础设施很不适应，人口膨胀也很快，如果发展速度指标提得过高，势必加剧这些方面的矛盾。因而需要全面权衡得失，把发展速度与结构调整结合起来，特别要重视"瓶颈"制约，避免因指标过高而妨碍经济社会全面协调发展。

发展速度在很大程度上取决于投资规模和投资效益。原来计划90年代投资1000亿元，加快发展要求的投资更多。由于深圳对投资者有吸引力，只要采取推进改革开放的积极措施，便能更好地吸引国内国外投资，加之优化结构（例如切实加强基础设施和多搞高科技产业），实现上述目标是有希望的。

按照上述方案计算，到2000年深圳的人均GDP按全市人口450万和1990年汇率（1美元等于4.79元人民币）折算为4498美元，如按国际上通用的另一种计算方法"购买力平价法"（PPP）计算，则为14 364美元，即与当时的亚洲"四小龙"人均GDP大体相当。

（三）关键在于优化结构、提高素质

我们建议，将"优化结构，提高素质"作为20世纪90年代深圳经济发展战略的基本内容。"优化结构"，是指在第一、二、三产业的关系上，逐步提高后者的比重，逐步实现产业结构的高级化；三次产业内部结构也要升级优化，即第一产业要向创汇型、外向型现代农业升级；第二产业要向以先进技术装备、附加价值高、外向型的工业，尤其是高科技产业升级；第三产业要向发展现代交通、信息、金融、贸易、旅游中心等升级。"提高素质"，是指要全面提高人员、企业的素质，增强活力，提高技术水平和生产效率、工作效能、经济效益，以较少的资金、人员、土地和物资投入，创造较多的产出和较高的效益。

目前，深圳有一部分企业的经济效益很不理想。不少国有企业的经济增长建立在高成本的基础上，有的还带有投机性。很多外资企业规模小、产品质量不高、产品附加价值低，而且一直报亏。这些情况都说明，深圳的企业素质不够高，这是深圳经济进一步增长的一大障碍，必须下大力气加以解决。

刘国光

经济论著全集

第
10
卷

（四）以高新技术产业为龙头，建立强大的外向型工业

1985年制定发展战略时，我们曾提出深圳的产业结构应当是"以工业为主、工贸并举、工贸技结合"，实践证明这是正确的。但随着深圳经济发展，对这一方针是否过时有不同见解。一种见解认为深圳工资上升，已逐渐失去廉价劳动力优势；深圳寸土寸金，供水供电紧张，拿有限土地和配套基础设施办工业不划算，而第三产业的盈利远大于工业，提供的财政收入超过60%，主张从"以工为主"转到"以第三产业为主"。另一种见解认为深圳工资虽然上升，但和香港相比差距还在扩大，所谓廉价劳动力优势丧失之说不确切，并认为深圳不同于上海，上海工业已有基础，深圳只有继续发展工业，才能为特区经济打下牢固基础。香港地区经济是在工业发展起来之后才真正起飞和走向成熟的。因此，深圳在今后相当长的时期里，还不能忽视工业的发展，其发展速度可能降低一些，但仍然是深圳的主要产业。我们认为，目前情况的确比7年前有了不少变化，产业结构必须升级，但要使深圳发展成为多功能的经济特区和综合性的现代化国际城市，就必须以强大的工业为其支撑力量，像蛇口工业区和现有的一批电力、电子、机械、轻纺、食品等企业应继续充分发挥积极作用，并在此基础上发展起发达的交通、邮电、科技、教育、信息、金融、商贸、服务、旅游、房地产等第三产业和现代化的农业。

今后深圳工业发展的重点应放在发展技术先进、附加价值高、能进入国际市场的工业。原来深圳着重是从国外引进先进技术来装备工业，这样做对迅速形成生产能力、推动技术进步起了积极作用。但从过去的经验看，真正前沿的技术引不来，和国外始终有着10年以上的技术差距。所以，深圳今后发展先进工业不能只靠引进（当然，必要的引进仍然要继续保持），必须主要靠

自己国内的科研与开发，这是发展思路的重大转变。

深圳今后应下大力气发展高新技术产业，在这方面深圳有自己的一系列优势。从本身的科技力量说，深圳是比较弱的，并不具备发展高科技产业的研究基础。但深圳有内地的强大的科技队伍作为依托，其政策条件、资金条件、地理位置都优越，特别是深圳的市场机制能够很快地使科技成果转化为商品，推向市场；可以利用在香港设点获得市场、技术信息，引进使高科技成果商品化、产业化所需要的协作条件和加工设备，便利实现国际配套，这些都是内地所不具备的优势。在深圳发展高科技产业的路子可以多种多样，或者是把内地已研究成功而尚停留在展品样品阶段的高科技成果，拿到深圳来投入商品化生产；或者是根据国际市场信息，由深圳和内地协作组织科技攻关再转化为商品；或者是把深圳当作高新技术的"孵化器"，作为高科技成果中间试验和大批量生产的基地。当然，这并不排斥追踪仿制，也不排斥引进技术。总之，要通过多种形式与内地协作，使深圳的高科技产业来个飞跃，闯出一条把科技成果转化为商品的中国式道路，把深圳建设成为中国的科技工业园之一。

根据深圳的实际情况，我们建议深圳到2000年发展高新技术产业的主要战略目标是：高新技术产品年产值占工业总产值的比重由目前不到10%逐步提高到30%左右；技术进步对国民经济增长的贡献率由目前的30%逐步提高到50%左右。发展的战略重点领域是：微电子技术、机电一体化技术、生物工程技术和新材料技术。

实现战略目标的主要措施是：第一，大力进行人力资源开发。根据深圳的实际情况，人才开发目前应以引进为主。对高水平的科技人员实行高工资、高奖金、高待遇的激励制度。第二，有效地增加科技投入。建议将科技投入占国内生产总值的比重由目前的0.7%，提高到2000年的2%以上，其中相当一部分用于风险投资、风险贷款和贴息贷款三个方面。第三，建立以企业为主体的"研究与开发—新产品设计—大规模生产"体系，尽快把科研成果转化为现实生产力。第四，建立健全技术市场。科研成果是商品而不是礼品、展品、样品。技术商品进入市场就要按质论价，可以拍卖，也可采取"订购""委托加工""合作生产""技术入股"等多种灵活方式，使内地大专院校、科研院（所）与深圳的企业挂钩，并筹组建立生产率促进中心。第五，制定技术进步法规。规定不同档次的高新技术企业享受不同的优惠待遇，不再建设高耗能、高耗电、高耗水的项目。

建议利用当前的股票热，把高科技产业公司作为扩大上市股票公司的优先选择对象，开辟新的筹资途径。总之，要采取一整套措施把高科技产业推上新的台阶。

（五）加强基础设施建设，保证经济协调发展

包括能源、供电、供水、交通运输、邮电通信等在内的基础产业和设施仍是深圳经济社会发展的"瓶颈"。这些产业投资规模大，建设周期长，收益率相对低，需要政府支持才能顺利发展。深圳是一个缺水、无能源和资源的城市，综合测算表明，随着经济发展和人口增多，90年代深圳市供水、供电都存在很大缺口，交通拥挤状况很可能日趋严重，必须引起高度重视。要加快基础产业发展，最主要的问题是资金不足，应千方百计多渠道筹资集资，使基础产业投资占基建总投资比例达到30%~35%。对基础产业发展要从财政、税收、金融等各方面给予适当优惠（包括优先批准一些收益率较高的基础产业实行股份制，并使其股票上市），使其成为能够自我发展的产业。目前深圳市的电力生产与供电、供水、资源开发保护的管理体制存在着一定的不协调，应尽快通过改革给予解决。关于电力建设，我们认为，深圳市电网应自行独立管理，建议中央政府尽快给予深圳市自办电厂、自管

购电和供电的权限。为了解决缺水问题，水价应与电价一样放开，并按季节和雨水丰缺进行浮动，这将为开发和保护水资源提供资金来源，并促进节约用水，提高水的重复利用率。交通运输建设要充分考虑未来城市功能转换的需要，实现海陆空立体交通网络。市内交通、公路交通也应向立体化发展。20世纪末在考虑高架型火车的同时，应积极筹备规划地铁建设。对于深圳市自筹资金建设的基础产业项目，项目审批权应下放给深圳市政府，由深圳市自行按经济发展需要，决定建设和实施管理，报国家有关部门备案。

（六）大力发展第三产业，并使其中一些产业成为经济支柱之一

要实现产业升级，必须改变轻视第三产业的传统观念，加快第三产业的发展。在我国，第三产业的比重超过第一、二产业之和，应争取首先在深圳实现。第三产业范围很广，除上述基础产业，如交通运输与邮电通信产业等要加快发展外，深圳第三产业发展的重点应当是金融信托业、信息咨询业、科技服务业、内外商贸业、旅游业和房地产业。发展第三产业不仅是为了发挥城市功能，更好地为深圳的第一、二产业服务，也是为了发挥特区的多种功能，更好地为全国服务。

深圳的金融业已有相当规模，信息业也在兴起。今后要结合引入外资银行和外资信息服务企业，发展与海外的联系。这是深圳成为多功能国际城市、直接进入国际市场、逐步摆脱依附于香港地区的必要条件。

深圳的商业与对外经贸应从目前的初级阶段向高级阶段迈进，发挥综合性、多功能的作用，要适应达到"小康"水平后消费结构变化、购买力扩大的要求，着重汇集国内外名、优、特、新产品于一城，除完善现有网点外，可以有选择地允许外商经营

某些零售商业。大力发展现代化的超级市场、百货商场、免税商品市场和连锁商店等，满足不同层次消费者的需要，使深圳成为连接国内外两个市场的枢纽，在海内外有较高知名度的购物中心、展销中心和进出口基地之一。与此相应，要在商业体制改革上迈出较大步伐，除了完善和发展生产资料保税市场、期货市场、拍卖市场外，还可组织一些较大规模的股份制商业集团，并进一步完善商业立法，制止不公平的竞争，鼓励合法经营，保护消费者权益，争取社会商品零售总额由目前的85亿元增到2000年的500亿元左右，年平均递增超过21%。由于许多大宗商品受被动配额所限，外贸出口额增长速度不可能太高，今后主要向两个方向发展：一是增加无配额限制的商品出口；二是大力提高出口商品质量和档次，增加附加价值，实现以同等数量的商品出口，换取更多的外汇。外贸出口额争取由目前的34.5亿美元增至2000年的141亿美元，年平均递增率为17%。由于深圳是珠江三角洲中的金三角，预计投资上的"蜂拥效应"，在90年代仍将保持强劲势头。因此，深圳今后利用外资应有所选择，改变初期来者不拒、多多益善的做法。要根据产业政策，引导外资投向高新技术产业和能源交通等基础产业。外商投资企业的产品产值占全市工业总产值的比重目前为68.65%，到2000年以稳定在70%左右为宜。

深圳的旅游业，前几年有长足发展，成为重要的创汇来源之一，并与经贸洽谈、商品展销、文化交流等结合，促进了特区经贸的发展。但是，与香港地区比，无论是国外游客量还是旅游创汇收入差距都很大，说明潜力也大，亟待挖掘。90年代，深圳要在旅游景点、旅游项目开发上不断创新，通过深化旅游体制改革、加强人员培训、提高服务水平，使旅游业上一个新台阶，吸引更多海内外游客，成为我国南方以及东亚的旅游中心城市之一。

在深圳，房地产业也是一个正在蓬勃发展的行业，已成为资金积累的主要来源之一，发展房地产业要加强规划，每年出售土地使用权有限量，用地有计划，留有后劲，积极引导其健康发展。土地供应应更多地采取拍卖和招标方式，并通过征收土地占用税和增值税，使地价增值部分归政府所有，这些都是值得研究的重大问题。

（七）控制人口膨胀

经过10年发展，深圳对内地劳动力的吸引力有增无减，而深圳本身的容纳量则有一定限度。因此，阻止劳动力盲目流入便成为保证今后深圳健康发展的一大任务。原来设想到20世纪末深圳人口不超过80万人，这一控制指标早已突破；1990年计划把目标改为300万人，这一目标看来无法实现。因为深圳1991年实际人口已达238万人，其中常住人口73万人，暂住人口163万人，总人口比1990年增长18.1%，若按此递增率计算，到20世纪末深圳总人口将超过1000万人，这是深圳的基础设施、供水、供电等条件所难以承受的。按6%、8%、10%的递增率计算，到2000年，人口总数分别为403万人、476万人和562万人。如果按450万人计，要使国内生产总值年均增长达21%，劳动生产率必须年均递增14%以上，这是相当艰巨的。因此，我们建议，要采取行政、经济等措施，力争2000年深圳市总人口不要超过450万人。

这些年来，深圳市的人口膨胀与深圳产业结构发展趋向有关。由于在特区和宝安县发展了一大批劳动密集型企业，大批打工仔（妹）涌入，导致人口机械增长过快。因此，控制人口除了靠各种行政措施外，应主要靠产业结构调整。内地经济发展的加速、内地劳动力收入水平的逐步提高，就可逐步减弱内地劳动力的蜂拥状况，否则很难避免流入与堵截的拉锯战，也很难执行合理的人口政策。

（八）促进"三来一补"转化为三资企业

从深圳产业结构调整的经验看，对"三来一补"企业的免税3年和只按工缴费征收流转税的规定，优惠过度，亟待改变，以促进"三来一补"企业逐步向三资企业升级。

从征税规定考察，大中型企业投资大，投产初期很难达到预期的设备利用率，给予免税3年的优惠以吸引外资，有一定道理。至于劳动密集型的"三来一补"企业设备简陋，同样给予3年免税就显得优惠过度。再加上对"三资"企业是按照销售额全额征收流转税，对"三来一补"企业只按工缴费征收很少一点流转税，形成了在税收上对"三资"企业优惠而对"三来一补"企业更加优惠的局面，国有企业的税负却重得多，这是对国有经济的明显歧视。

各个国家征收所得税所遵循的原则是不同的，许多国家采取属人主义，企业在国外投资获得的利润享受了减免税优惠，回到国内照样要按照抵补或者饶让的规定再补缴所得税。而香港则采取属地主义，即只对来源于香港本地的利润征收所得税。因此，"三来一补"减免税优惠对港商最有利，这是港商涌入兴办"三来一补"企业的驱动力。目前深圳有9000多家珠江三角洲有几万家，基本上均属港资，这些企业的技术水平低，劳动强度大，有的还污染环境；产品说是全部外销，实际上有相当部分漏向内地，税收过度优惠的效果不佳。

建议有关部门认真研究，适当调整对"三来一补"的征税规定和优惠政策，目的是为了促进"三来一补"升级，使其向三资企业转化。这一工作深圳已在试行，并取得了一些进展。但是进度不快、阻力不小。主要原因是按目前政策搞，"三来一补"的实际利益大于三资企业。但这个问题是可以解决的，在深圳实际上有些港商希望改变目前状况，使之成为合资或独资企业，以获得法人地位。因为目前他们虽然能获得较高的短期商业利润，但由于没有在国内获得合法的独立法人资格，也存在着一些潜在问题。当然，这一政策调整不仅是深圳的事，还涉及其他地区，需要统一部署，因地制宜，相互协调行动，才能取得预期的效果。

四、进一步扩大开放，进行经济运行机制创新的试验

（一）深圳的进一步开放与深港关系

随着全国的扩大开放，深圳应当实行比过去更加开放的政策。深圳更加开放达到什么程度，既要从全国对外开放的总形势考虑，也要从1997年香港回归祖国的时刻日益逼近来考虑。从城市功能说，由于深圳、香港紧密相连，而各项费用存在巨大落差，客观上存在巨大的渗透力和融合力。香港人士准备筹建沟通两地的高速公路和轻轨铁路，深圳也已经或正在抓紧建设飞机场、深水港、高速公路、电信、能源等大型基础设施和重点工业项目，这些都将加速两地经济渗透和融合过程。由此而出现深港经济一体化的战略构思，是很自然的。

我们认为，深圳、香港毕竟是两个城市，代表着两种社会制度，其位置如何摆法，是不一样的。可能有三种战略选择：

第一种是把深圳摆在和香港竞争以及准备取代的位置上。这在深圳特区建立初期本来是不敢想的，但经过十多年的高速发展，基础渐强，羽翼渐丰，于是，国内有些经济学家提出了此观点，希望以此证明社会主义优于资本主义的观点；而香港人士则怕出现竞争对象，把内地造社会主义香港的宣传，误解为要造几个与香港竞争的对手。我们认为，香港作为多种国际经济中心的地位，是长期经营发展起来的，是在香港特殊的历史和地理条件下形成的。今后香港保持和发展这种特殊的经济地位，无论对香

刘国光

经济论著全集

第
10
卷

港的经济繁荣和内地经济的发展，都是必要的。因此，把深圳和其他一些城市摆在和香港以取代为目的的竞争地位，从总体上说，是不可取的。

第二种是把深圳摆在香港的"附庸"和"后院"的位置上，这是一些香港人士对深圳和珠江三角洲的看法和要求，并不符合我国开放政策的本意和战略要求。但这几年蔓延在整个珠江三角洲的"三来一补"企业的超常规发展，已经形成香港资本和当地土地以及近200万劳动力结合的发展格局，以及议论中的"华南经济圈"或"大香港开放经济圈"，如果不注意调整发展格局，很可能是在战略上肯定了"前店后厂"的现实，把珠江三角洲摆到了香港经济"附庸"的位置；而议论中的深港经济和城市功能一体化，如果不注意保持深圳的独立自主，很可能出现香港人的经济活动和生活空间往深圳移动，减轻香港人多地少的城市压力；而且香港人可以自由出入深圳、深圳人则不可能都自由出入香港，这也有利于把深圳摆上香港"后院"的位置。从理论上说，这种摆法也不可取，而实际上却存在着这样发展的可能性。

第三种是把深圳摆在与香港互补互利、互相促进并适度竞争的位置上。我们赞同这种摆法。有人认为，以深圳目前的发展水平，还谈不上与香港互补。我们认为，这种说法不正确。深圳经过10年建设，已经基本具备与香港互补的经济基础。深圳有广阔的内地作为依托，在科技力量和资源供给等方面有自己的优势，可以把优势互补作为处理相互关系的目标；而香港要与内地经济相衔接，深圳无论从地理位置还是经济环境方面看，都是重要的桥梁和连接点之一。为了实现互补目标，首先要创造深圳更直接进入国际市场的条件。深圳前一时期抓机场和港口建设，打开直接走向国际市场的通道，与香港互补分流，是有远见的。下一步是要下放对人员出国的审批权限，开辟国际航线航班，以便走出去开拓国际市场；同时要扩大在香港和国外投资，并选择一些有

深圳经济特区90年代经济发展战略总研究报告

条件的企业使之成为跨国企业。到那时，深圳可以更好地发挥它的地理位置的优势，在全国的对外开放的大局中起到更积极的作用。由此可见，第三种摆法是完全可能的，但又不是任其自流能够实现的，需要做出一系列部署和进行政策调整，否则，发展的结果就有可能是第二种摆法。

（二）实行类似香港的关税政策，建立自由港区

深圳特区筹建时，便设想实行类似香港的关税政策，即除了烟、酒、汽油、化妆品等少数商品征收关税之外，其他商品都不征关税。但那时由于在特区和非特区之间没有明确的界线，不便于管理。因此，一方面对一般消费品改为减半征收关税，对生产资料实行保税进口；另一方面拨出专款建设特区管理线。在1984年春，邓小平同志提出要在我国经济特区逐步实行自由港政策的大胆设想的同时，深圳特区管理线就开始了试行管理。1985年我们来深圳研究发展战略时已经建成管理线，已为特区与非特区划出一条明确的地理界线创造了条件，可以在关税征收上以"二线管严"换取"一线放松"。这一见解后来成为各方面的共识，并已经部分采用。现在三资企业使用的生产资料在进入一线时已不征关税，还设置了保税仓库和保税生产资料市场；三资企业生产的产品出二线销往内地才补征进口生产资料的关税，出口和在当地销售的不再征税。国际上通用的保税区的做法已经在二线内部分采用，从而已对特区外资经济发展起到了积极促进作用。

现在，随着全国大开放的新形势的出现和香港回归祖国期限的逼近，正是深圳实行更加开放政策的大好时机。所谓更加开放的政策，核心是在目前特区的范围内实行类似香港的关税政策。

实行类似香港关税政策的区域，是否另起名字，有三种不同见解。一种主张是起名为特别关税区，以区别于其他经济特区和香港特别行政区，也便于深圳特区扩大后区分老区和新区，并

能够扩大影响，促进深港经济发展。第二种主张认为，国际上对特别关税区的名称有特定含义，我国的特别关税区是指香港、澳门、台湾。因此，深圳不宜采用特别关税区的名称，主张仍用经济特区的名称，但深圳特区管理线内实行特殊规定。第三种主张认为如仍用经济特区的名称，不能够表明深圳特区与其他经济特区开放度的区别，也不能够表明深圳特区内老区和新区的区别，因而另拟了几个名称，如大保税区、自由投资区、自由贸易区、自由港区等。其中，大保税区、自由投资区、自由贸易区都不能恰当地反映深圳的综合经济功能，我们考虑到深圳经济特区将采用类似香港自由港的经济政策，在经济运行机制上进行创新，拟叫自由港区。

（三）在深圳建立自由港区的目的和条件

自由港区是在中国境内的一块特别开放的地区，它将采取国际上通行的自由港或自由区的关税政策、自主投资的企业政策、自由兑换的货币政策。对于传统和现存的经济体制来讲，建立自由港区是一场经济运行机制整体转轨的大胆试验，这不仅是扩大开放的内在要求，也是经济发展到一定阶段的必然选择。

在中国境内首次创立自由港区将是一场深刻的机制创新革命。近年来，由于种种原因，我国对外经济机制变革远远落后于国际需求，尤其是距以关贸总协定为代表的国际贸易规范要求还有相当的差距。例如，1986年，中国的经济领域发生了两件重大的事情，一件是中国正式申请恢复自己在关贸总协定的缔约国地位，另一件是为使深圳成为免税区而正式启用特区管理线（二线）。但时隔6年之后，我国的对外经济机制还不符合关贸总协定的要求，尤其是没有在市场准入原则和国民待遇原则方面取得突破性进展，包括已设立"二线"的深圳特区也是如此。因此，建立自由港区，有利于进行市场准入原则的试验，有利于进行国民待遇原则的试验，有利于从利用外国直接投资中为国家创造更多的财富，有利于直接参与国际分工和国际市场，有利于全面加强深港合作。

建立自由港区既然是一场风险与机遇并存的试验，那么这个试验的区位选择是极其重要的，它要求具备一些必要的条件，不可能再在地区之间搞"攀比"。目前自由港区运作所应具备的五大优势：交通便利优势、监管设施优势、法规建设优势、管理经验优势、相对国际竞争优势，深圳都已基本具备，而这是其他地区所不可比拟的，因此在中国建立自由港区的区位应选择在深圳。同时，在深圳建立自由港区的时机也已经成熟，其必要条件是自邓小平同志南巡后，全国上下形成了一种扩大开放的共识；其充分条件是深圳经济的国际化程度日益提高，它内在要求加快与国际市场的融合和渗透。因此，在深圳建立自由港区这一做法的近期目标是为中国按照关贸总协定的规范构造新的机制体系，提前进行新的全面试验；中期目标是迎接1997年香港回归祖国时，深港两地的经营环境和经济运行机制基本吻合，以利于继续扩大深港之间的经济合作；长期目标是使深圳成为一个具有类似香港自由港开放度的、具有广泛国际经贸联系功能的国际化都市。

（四）全面降低关税水平，一线、二线监管联动

自由港区的试验的超前性会对其他滞后地区产生波及效应。尤其引起人们关注的，是如何有效地做好对进出口货物的监管问题。自由港区的监管原则应该是：变革口岸通关机制，大力简化关境手续；全面降低关税水平，逐步放开，分步实施；区分十种进出口类型，一线、二线监管联动；加强监管设施建设，全面设防打击走私。

在对一线、二线监管操作上，目前有种种见解，其中较有

影响的一种见解是："一线管出口，二线管进口，不出一线不算出口，不进二线不算进口。"这种见解有待商讨。因为"放松一线"并不意味着一线海关后撤而使深圳成为境外之地，也不能认为免税进入特区的商品不算是对深圳的"进口"。正确的理解应该是：进入一线的外国商品（不管是否减免关税）便算进口，这不仅是因为在一线要继续保持对烟、酒、化妆品、汽油等征收关税，而且对其他免征关税的外国商品具有"暂免关税"的保税性质。该商品通过二线进入内地时，要照章纳税。因此，如果进入一线不算进口，也就谈不上保税的功能。对于不出一线的商品也不能笼统地不算出口。例如，当某些商品由内地进入二线内的出口监管仓库，尽管此时商品并未真正出一线，但在法律上已被视为出口，便可享受出口退税的优惠。因此，我们认为上述表述方式不准确，建议不用，以免引致理解上的混乱和操作上的困难。

为了使一线、二线监管在实践中较易操作，我们应该区分十种进出口商品类型，一线、二线监管联动。例如，对从境外进口的商品监管对象基本可以分为六类：一是旨在本地销售的进口商品；二是旨在转口的货物；三是"暂时进口"的外国货物；四是我原出口商品在国外市场命运不佳或遭到索赔，又复运入境的货物；五是个人携带入境的行李物品；六是旨在本地加工后，转进二线"内销"的外国货物。对于前四类的监管对象的技术操作已日臻成熟。对第五类货物，即个人携带入境的物品重点应实行限量政策，而不是豁免政策。对于第六类货物的监管技术也问题不大，只要待该类货物进入二线时照章纳税即可。基本原则是一线放开一项产品，二线就要严格监管该项产品。必须引起重视的是，如果某种进口产品在内地仍属于许可证管理范围的话，那么该商品要经过二线转入"内销"时，不仅要照章补"税"，而且要照章补"证"。

对于出口商品的监管对象基本上可以分为四类：一是"暂时

出口"的国内货物；二是进入出口监管仓库的商品；三是内地经深圳口岸直接出口的产品；四是本地自产产品的出口。对于前三类监管对象的技术操作也是日益完善，对于第四类情况，应该强调的是，在大部分出口商品免受出口许可证限制的同时，对属于国际被动配额的商品和专供港澳的鲜活产品仍需执行国家有关部门的有关政策，以保证中国有关的出口商品取得宏观效益。

综上所述，如果对进出口商品进行细化，那么，目前真正涉及特区管理线（二线）功能的只有一类，即通过一线进入二线"内销"时的进口商品，只要对于此类商品的政策明确，监管操作起来是不困难的，因此对"一线放松"后在思想上产生的盲目恐惧感是完全没有必要的。

考虑到深圳采取扩大开放的措施后，还必须保持与国内的经济联系，因此自由港区内的三资企业的产品内销问题，可以保持原有经济合同的连续性，允许继续按原来的办法部分内销。

对于通过二线进入内地的人员携带物品的管理，从实施经济自由区一开始就应严格控制，可以采用目前出入沙头角的办法来进行监管，即对限制进入内地的一些商品列举品目，公布于众。这种方法简便易行，可以收到很好的控制效果。

（五）正确评估自由港区的政策效应

深圳自由港区实行类似香港自由港的关税政策后，会带来一系列效应，但人们往往注意实行自由港的关税政策后给财政收入带来的负效应一面，大多忽视了它的巨大正面效应。实际上，在对大部分进口商品实行免税后，由于商品流入的增加会推动当地市场经济的繁荣，在增加商品流转的同时会增大政府的税、利收入，这就为经济的进一步发展积累了资金。例如，香港在1988—1989年度，仅对烟、酒、化妆品等6种商品的税收就达41.73亿港元（约合5.4亿美元）。因此，对于实行自由港的关税政策后所引起的政府收入的变化程度应全面评估，不能过分强调负效应，忽略了其正效应，不然会始终迈不开新的步伐。至于这块收入如何分享，中央政府和深圳市政府可以协商处理。我们认为，在深圳实行更加开放的政策是不能再拖了，越拖成本越高。

深圳特区从1984年建立特区管理线之后，对于实行更加开放的政策议论过多次，起初对财政的影响不过1亿~2亿元，对经贸管理的冲击也不是很大。后来则算一次加一次码，随着深圳经济的发展而对财政的影响越来越大，加大了付诸实施的难度。现在有关单位测算，上述政策如果一步到位，对财政预算的影响可能有十多亿元。但办任何事都有失有得，都得付出一定的代价。现在看来，拖延会影响深圳的扩大开放，使深圳丧失时机，而时机的丧失是经济发展的最大敌人。回顾在过去相当长的时间里，一河之隔的香港和深圳，由于种种原因，两地之间的贫富差距如此之大，使得我们付出过沉重的代价。经过12年的改革开放，深圳以崭新的面貌缩短了与香港的差距，给大陆人带来了希望。当前，香港各方面实力都强于深圳，1997年回归祖国后，中央政府不在香港征税，香港的收入全部自留。可以设想，如果我们不进行大胆的政策选择，那么，深圳不要说赶"小龙"，跟上都很困难。到那时，受损害的将不仅是深圳，而是我们的社会制度、我们的国家。当然，实施某些措施会给国家财政收入带来减收损失，我们认为，随着进一步开放促进深圳经济的繁荣，可以采取其他一些增收措施来加以弥补。

深圳在扩大开放的同时，还必须继续搞好内联，这是深圳经济发展的重要依托和源泉。要同内地有关省、市、县加强资金、物资、人力的交流，同他们联合办企业、共同开发资源和市场，既取得他们的支持，又扶持后进地区的发展。在这方面，还有许多文章可做。

五、继续充当改革的"试验场"，率先塑造和完善社会主义市场经济新体制

（一）全国扩大开放、加快改革，深圳仍要带头闯

邓小平同志视察深圳时说，"深圳的重要经验就是敢闯"，这是非常深刻的。从传统的计划经济运行模式转向社会主义市场经济运行模式，并无现成的经验，就得靠自己去闯。深圳特区在20世纪90年代的首要任务，就是要继续充当改革开放的"试验场"和"排头兵"，继续先走一步，以深化改革，促进和保证扩大开放、加快发展。

深圳已经进行的改革和市场经济所要求的运作秩序与国际惯例相比较，都还有相当大的距离，在改革开放的新思路方面有着颇为宽广的余地。因此，能不能迈开改革的新步子，关键仍旧在于敢不敢冒风险，敢不敢为天下先。过去，深圳首先提出"以市场调节为主"，为实行市场取向的改革闯出新路。现在，邓小平同志再次肯定了"市场经济不等于资本主义"，联系他在1979年接待外国记者时就说过："社会主义为什么不可以搞市场经济？"只要深圳人仍旧像过去那样思想解放，敢于试验，就能在全国率先塑造出经济体制的新模式。

（二）建立和完善社会主义市场经济

20世纪80年代深圳的改革走在全国前面，其主要特征表现在，它比别的地方更多地利用了市场机制，发挥了市场的威力。深圳的速度、深圳的成就，皆由此而来。但是，深圳的市场还不健全，不够完善，还存在着许多无序的现象，需要通过改革尽快加以改进。

我们认为，20世纪90年代深圳经济体制改革的目标，就是

在我国率先建立和完善社会主义市场经济新体制。它的基本特征是：

第一，多种经济成分并存，平等竞争，共同发展，其中关系到国计民生的少数主要部门，仍要以公有或国家控股为主，但它的细胞——企业应是依法自主经营、自负盈亏、具有充分自主权、并在市场上公平竞争的商品生产者和经营者；

第二，社会成员在经济、社会活动中处于平等地位，收入分配要在产品价值实现的基础上按效率与公平相结合的原则进行，既允许一部分人先富起来，又要保护大多数人的利益，促进共同富裕；

第三，以比较健全的市场体系为基础，经济活动按市场规则运作，生产要素配置与流动主要按市场规律进行；

第四，重大经济社会活动都要在中国共产党领导下进行，政府通过经济、法律和必要的行政手段调控经济活动，引导其健康发展。

我们认为，上述对于社会主义市场经济的设想，深圳是全国条件最好的实验场所。

（三）加速转换国有企业经管机制，推进股份制改革

企业改革仍是今后经济体制改革的中心环节。改革方向是使企业真正自主经营和自负盈亏，强化对企业的约束。企业的产权形式要明确，可以根据产业、企业的不同情况，采取不同的形式。其中，股份制是一种比较好的企业制度。深圳在企业股份制改革方面已取得重大进展，实行股份制的一百多家企业，绝大多数运行正常，经营业绩良好。实践证明，实行股份制改革对于实现政企职责分开，规范政企关系和企业行为，强化企业的自我约束机制和自我积累、自我发展能力都有好处。90年代深圳市应加快股份制试点，形成以有限责任制为基础，以股份制为方向，在

股份制中以内部公司为主体、以上市公司为骨干的企业体制模式，并允许进行其他各种企业经营形式的探索。在明晰的产权制度和完备的法律框架下，通过企业的自主选择和自由竞争，实现企业制度的优选。

深圳的实践表明，在理顺政企关系、转变企业经营机制、拓宽融资渠道、促进生产要素合理流动以及提高国有资产的运营效率、实现国有资产的保值增值等方面，股份制比承包制有更大的优越性。但这并不是说，所有的企业都要实行股份制。股份制不是唯一有效的企业经营形式，特别是股票上市的股份制企业毕竟只能占少数。对于不宜实行股份制或尚不具备条件实行股份制的企业，承包制仍是一种可行的企业经营形式。即使是在实行股份制的企业中，承包经营责任制仍可以作为公司（特别是企业集团公司）内部管理的一种有效形式。这就是说，股份制与承包制是可以兼容的。至于部分企业从承包制过渡到股份制，可以首先从对政府有关主管部门承包转向对董事会承包入手，再进一步通过理顺产权关系而实行股份制。同时，要不断健全和完善国家对国有资产的股权运作和管理制度。深圳通过组建投资管理公司在国有资产管理方面闯出了一条新路，改变了政府集社会的行政管理职能和资产管理职能于一身的状况，为政企分开做出了可贵的探索。应坚持这个方向，总结经验，从制度上不断完善。

（四）完善和扩大证券市场的试点

深圳股市发展正在从封闭性试点阶段转变为开放性扩散阶段，与全国其他地区的证券市场及资金供求之间的关系日益密切，股票供求状况将发生重大变化。这对于深圳经济发展是一个有利因素，同时也增加了股市管理和宏观控制的难度。为此，必须加强和完善证券市场的发育和管理。有必要建立证券管理委员会，以提高市场管理的效率和有效地保证"三公"（公开、公平、公正）原则的切实落实。要进一步完善证券商、证券交易所、证券登记公司等中介机构，提高股市运作的效率，并尽快实现国有股的二级市场流通和建立证券投资共同基金，这对股市的正常发育是不可缺少的。

深圳市的股票市场已经影响到全国各地，并成为热门话题，然而股票市场的运作规则和硬件设施，还与规范化要求相差甚远，必须尽快完善。为了减轻目前深圳股市供需不平衡的压力，使证券市场逐步趋向正常，急需扩大深圳上市公司的数量和适当扩大其上市数额，并建议中央考虑近期在北方和华中适当城市（如天津、沈阳、武汉）建立证券市场，以减轻深圳股市的压力。在法制健全与完善的前提下，还应适当简化股份制改革、新股发行和已上市公司扩股增资的审批程序。

发展股票市场既有积极作用，也不可避免地产生一些负效应。当前，值得注意的主要有两方面的问题：一是对政府部门、证券管理部门和证券业机构的廉政建设形成较大压力，各种"钻政策空子"或"钻制度空子"的行为常有发生。二是股市投资（投机）的高收益性（及高风险性）对整个社会的收入分配格局产生了重大影响，并对人们的价值观念形成强大冲击。这些问题的解决，一要靠进一步严格法制、强化廉政措施；二要靠整个社会收入分配体制的改革和优化收入分配政策，实行对高收入累进课税制度。而在股票市场本身的范围内，目前所能做到的主要是：积极建立和发展证券投资合作基金，以扩大股票投资的受益者范围，减少广大个人投资者，特别是高中级职业人员对股票投资（或投机）的精力投入，从而缓解股市所产生的收入效应对其他行业和职业的消极影响。

（五）继续建立健全社会保障体制

深圳在建立新的社会保险制度方面进行的大胆改革是非常有

益的试验，1992年出台的包括医疗保险、养老保险以及住房公积金制度在内的社会保险，与以前已实行的待业保险和工伤保险一起，初步形成了较为完整的社会保障制度，值得全国其他地区借鉴。特别是在新老职工的养老保险的衔接方面，深圳提供了非常好的经验。但整个制度体系还不完善，存在着一些亟待解决的问题。比如，各项社会保险的基金会如何建立、基金如何运用等方面，还有待于探索经验。在医疗保险方面，应考虑扩大医疗保险对象的范围，逐步做到"病者有其医"，并相应进行医药体制的改革。

（六）继续搞好房地产管理制度改革

房地产业的兴起和房地产市场发育，深圳都已走在全国前面，国有土地已由无偿使用转变为有偿有期使用，使房地产业成为一个发展十分迅速的新兴产业。房地产市场的形成和房地产业的发展，对于节约使用土地、增加财政收入、筹集建设资金、推动城市建设和繁荣经济，都起了积极的作用。目前，深圳已有房地产开发公司103家，许多三资企业也都转向或参与房地产开发。但由于房地产价格大幅度上升，"炒买炒卖"房地产的现象增多。深化改革的目的在于拓展房地产一、二、三级市场，使市场功能逐渐齐全，既按国际惯例运作，又要加强宏观调控和管理，使房地产业与整个国民经济协调、健康地发展。主要措施应该包括：高度重视特区土地的有限性、稀缺性、不可替代性和不可再生性，十分珍惜特区土地的开发利用，科学地加以规划，使之发挥最大的作用；完善有偿有期转让土地使用权的办法，逐步做到以招标、拍卖为出让土地的主要方式；加强和改进房地产税收工作，将土地级差地租和房地产增值的巨额收入大部分转归政府所有，用于基础设施建设和发展经济；通过土地供应计划和信贷差别利率，引导土地使用符合产业政策；通过健全法制，加强对房地产业的管理和监督。

（七）完善计划、金融、财政和税收等宏观调控体系

深圳加快发展市场经济，不是走向经济运行的放任自流，让"看不见的手"来指挥和调节一切经济活动，而是需要自觉地进行宏观调控，包括通过金融、财政、税收等政策来调节经济运行，通过计划来展示经济发展的目标和协调各项比例关系。这也就是要迈向有宏观调节的市场经济。

要继续转换政府职能，真正做到"小政府、大社会""小政府、大服务"。政府通过经济政策、经济手段和法令条例来引导经济发展，保障国家与公众利益，调节收入分配，促进经济良性循环，企业、事业内部的事务，政府不予干预，由它们自行经营管理。

关于计划体制的改革。主要是在保留少数必要的指令性计划指标的同时，逐步建立和完善覆盖全社会的指导性计划，包括中长期的经济和社会发展规划、城市规划、产业发展规划、行业发展规划等。这些指导性计划或规划虽有不同程度的约束力，但是都应成为一定范围的宏观目标，并为企业（集团）制定微观计划提供权威性的信息。政府以计划的宏观目标为依据，制定和执行各项经济政策，运用各种经济杠杆，力争企业行为与宏观目标尽可能一致，充分发挥计划的协调功能。投资规模、土地开发、人口控制、重要物价等，也可不同程度地纳入类似的计划管理。与此相应，深圳作为计划单列市，应落实相当于省一级的经济管理权，首先是办电、买电和电厂管理权，公路、电信建设和管理权，机关事业单位职工工资调整权，"农转非"指标审批权以及过去已有规定的投资项目审批权等。此外，参照国外"自由贸易区""出口加工区"的经验，这些地区大多不受所在地区上级行政机构的过多干预，深圳也应朝此方向发展。

关于金融体制的改革。深圳要成为一个现代化的国际都市，要使第三产业兴旺发达，就要继续深化金融体制的改革，其中心是强化特区中央银行的调控功能和增强国家银行的活力。已出台的信贷资金切块管理和在全国首创的贷款证制度适合中国国情且行之有效，应继续完善，并将范围扩大到外汇信贷。近期内对国家银行信贷的管理应逐步从量的控制过渡到质的管理，酝酿中的资金风险管理应尽快推行。与此相关，银行呆账准备金提取的比例应有所提高，而且在呆账处理上应按国际惯例由银行系统自行处理，不再由财政审批；在盈利处理上，可试行模拟股份制办法，即参照发展银行等非国有制银行对税后利润的分配比例，股东所得的部分100%上交财政（视同100%国有股），福利、奖励基金和积累（储备）基金归银行。只有这样，才能使国家银行具有自我积累、自我发展的能力，各种所有制的银行（含外资银行）才可能平等竞争，金融业才能正常发展。此外，使人民币成为自由兑换货币，是发展现代化的开放经济不可缺少的条件，这一步非走不可。它是我国货币金融制度的重大变革，需要以强大的经济实力为后盾的多方面条件，需要准备与探索。建议先在深圳这个自由港区进行自由兑换试验，然后推向全国。

关于财税体制的改革。深圳市在改革财税体制方面已做了很多工作。今后应在发展高科技产业，促进产业结构的优化与升级上发挥作用。已经采取的统一企业税负的措施效果很好，下一步要创造条件统一中外个人所得税。为了解决税源流失问题，应当在征管与人员进出境方面给予税务部门更大的支持。能源交通基金与预算调节基金的开征本来就不规范，建议先在深圳取消。

在进一步深化改革中，深圳必须尽可能一方面总结自己的经验，另一方面汲取包括香港在内的、比较发达的市场经济的做法，把两者融合起来，既符合国际惯例，又有中国特色。闯出这

刘国光

经济论著全集

第

10

卷

条新路，不仅会对深圳的更好发展增添活力，也将对全国的深化改革做出新的贡献。

（八）授予深圳市省一级的立法权、经济管理权和更多的改革试验自主权

深圳迈向市场经济，需要进行大量的经济立法工作。1989年4月，国务院向全国人大七届二次会议提出议案，提请授权深圳市人民代表大会及其常务委员会和深圳市人民政府，分别制定深圳经济特区法规和深圳经济特区规章。全国人大七届二次会议做出了关于在深圳市成立人大后，授权全国人大常委会审议授予深圳市立法权的决定。深圳市已经于1990年成立了第一届人民代表大会。我们建议全国人大常委会尽快审议，授予深圳市人民代表大会及其常务委员会省一级的地方立法权。①

在进行经济立法时，既要总结我们自己的经验，也要大胆选择借鉴中国香港和国外的经济法规，使法制完备起来，早日建立一套适应市场经济运作和国际惯例的经济法律体系，以保证深圳经济的有序发展，并为全国的经济立法提供经验。

还要看到，在深圳深化改革过程中，有时会受到来自条条的某些干扰，造成特区不特，束缚生产力的发展，降低决策效率。为了使特区这个"试验场"能在深化改革中更好地发挥带头闯的创新作用，建议在不影响中央和省的财政、计划指标的前提下，在改革上给予深圳更多的实验自主权，包括物价、工资和公务员制度等的改革。我们相信，深圳不会辜负国家的信任，一定会更好地运用这些权力，进一步开创新局面。

---

① 本报告在第三次修改过程中，全国人大正在开会审议此事。——笔者注

（九）坚持"两手抓"的方针，创造加强精神文明建设新经验

邓小平同志在视察深圳等地时指出，广东力争20年赶上"四小龙"，不仅经济要上去，社会秩序、社会风气也要搞好，两个文明建设都要超过他们，这才是有中国特色的社会主义。小平同志的指示是建设深圳经济特区的指导方针。社会主义建设的本质就是要两个文明一起抓。物质文明是精神文明的重要基础，精神文明是物质文明的支撑和驱动力，它可以为物质文明健康发展提供智力支持和思想保证。社会主义中国的窗口——深圳，在20世纪90年代加强加快物质文明建设的同时，必须高度重视精神文明的建设；在率先建立社会主义市场经济新体制的同时，为全国创造在市场经济条件下加强精神文明建设的新经验。

精神文明建设是一项长期的艰巨任务，尤其是深圳的人口构成较为年轻，人员来自四面八方，层次参差不齐，在全方位的改革与开放过程中，各方面都受到来自外界的影响，精神文明建设的任务就更重，必须做出更大的努力。20世纪90年代精神文明建设工作的重点应是：

1. 加强党的建设。深圳的改革开放与发展都是在共产党的领导下进行的，只有建设好党的自身才能加强其领导地位，才能建设好精神文明。必须在改革开放的大环境中，增强党员的防腐防变能力，要建立一套制度，从严治党，严厉打击和惩处一切腐败行为，确保党的组织，尤其是党的领导干部在精神文明建设中站在前列，成为带头人。

2. 完善民主与法制建设。深圳在90年代必须继续加强法制建设，包括保障公民权利和利益的一系列法律，使各项工作有法可依。有了明确的法律规章和公平、严格执法的队伍，才能够建立良好的社会秩序，才能保证公民的权利和利益不受侵害，才能

有效防止腐败与滥施权力。

3. 加快教育、科技和文化事业的发展，提高全市人民的综合素质。高素质的人是高度精神文明的基础。所谓综合素质包括文化素质、道德素质、敬业精神与劳动技能、政治修养、身心发展等诸多方面。这诸多方面的塑造首先要靠教育。今后8年，要加快完善国民教育新体系。在已基本普及9年义务教育的基础上，要巩固和提高质量，逐步普及12年义务教育。高等教育在已具备一定基础的条件下，应迈出更大的步子。未来8年应在制定中长期教育规划的基础上，与内地大专院校、科研院所开展广泛合作，采取多种形式加快教育发展，培养出一大批适应深圳发展需要的高、中、初级专业人才。与此同时，要加快吸引人才，尤其是在引进海外人才、吸引我国留学生回国工作方面，要进一步大胆试验，采取多种方式，扩大引进范围和数量，做到天下人才为我所用。深圳的职业教育和成人教育已有较好基础，但与深圳未来发展要求还很不适应。特别是现有一百多万从内地涌入的打工妹和打工仔，他们中绝大多数人文化程度不高。因此，职业教育和成人教育的任务相当重。要建立初、中、高相衔接的职业教育体系，培养大批特区建设所需要的不同层次的技术工人；要完善多层次、多形式的成人教育体系。发展教育，除了政府从财政上千方百计增加教育投资外，还要鼓励多种形式集资办学，做到国家办学、集体办学、私人办学一齐上。

坚持科学技术是第一生产力的指导思想，使深圳的经济发展真正转到科技进步领先的轨道上来，建立和完善科研生产一体化的研究开发体系。要以市场为导向，既要发展高新技术，也要发展具有市场前景的实用技术。要建立健全技术开发、技术转让、技术承包及成果推广等科技网络。通过科技体制改革，放活科研机构，发展与内地科研机构、大专院校的联合和协作，最大限度地发挥科技人员的积极性和创造性。

发展科学技术还包括发展社会科学。要把自然科学和社会科学结合起来，协作攻关，近期重点做好90年代深圳经济和社会发展中的重大理论问题和实际问题的研究，在探索中逐步形成适合深圳实际的社会科学研究体制。

深圳还要积极建设具有中国特色的文艺、出版、新闻、体育、图书、文物等文化事业，有计划地建设文化馆、图书馆、博物馆、体育馆等硬件，创造有益于人民群众思想健康的各种活动形式，使深圳成为文化生活丰富、活跃、健康的现代城市。

4. 强化社会治安的综合治理，严厉打击各种违法犯罪活动，保证社会安定和人民群众的安全。在这方面深圳市虽然做了大量工作，也取得了很大的成绩，但是由于深圳市人口增长迅速，且来自四面八方，鱼龙混杂，再加上深圳地处我国对外开放的前沿，接受资本主义消极影响的机会也较内地更多，因此，种种违法犯罪活动时有发生。一定要把打击各种犯罪活动作为长期任务常抓不懈。特别是要严厉打击刑事犯罪和重大经济犯罪，严厉打击嫖、赌、毒、黑等"七害"，以保证深圳的政治生活、经济生活的健康发展和人民群众的安全。在这方面既要依靠和发动广大群众，形成社会监督、群众监督和舆论监督，形成群防、群治网络；又要加强执法队伍的建设，提高他们的素质，使执法、执纪部门真正成为打击各种犯罪和惩治各种丑恶现象的"铁拳头"，为改革开放创造一个良好的社会环境。

5. 搞好环境保护，把深圳建设成为一个整洁、优美的现代化文明城市。深圳特区成立十多年来，由于在开发建设中注意了环境保护，所以城市的环境质量能够保持在较好的水平，从而为特区经济持续的高速发展和人民群众安居乐业提供了环境保证。但是，随着城市工业的发展和人口过快的增长，城市的环境质量逐渐恶化。城乡居民的饮用水源受到污染，交通拥挤、汽车尾气和噪声污染也日益严重。90年代，深圳精神文明建设的一个重要方面就是基本实现城市环境的净化、绿化、美化，将深圳建设成为一个整洁、美观、安全、舒适的现代化文明城市。要在全市人民群众中加强环保意识的宣传教育；要建立和健全城市管理法规系列。新建工业企业要符合深圳发展的产业规划，注意经济效益、生态效益和社会效益的统一，对少数必须上但又有一定污染的企业，要严格执行基建与污染处理项目建设"三同步"（同步设计，同步施工，同步投产），对现有污染较重的工业项目，或限期令其治理，或采取关、停、并、转等措施。要按城市发展规模、速度，科学地规划和建设交通、上下水道、垃圾和污水处理等市政工程。

6. 加强爱国主义和社会公德教育，正确引导消费，树立良好的社会风尚，倡导科学、健康的生活方式。特区的社会风尚和生活方式总的讲是健康的，但是也还存在着一些值得注意的不良倾向。如损公肥私、损人利己、利用职权便利牟取私利和敲诈勒索等现象，还有些人赚了钱，受到某些发达国家或地区不良消费示范的影响，追求骄奢淫逸的腐朽生活方式。这些都是需要引起重视和加以克服的。要大力提倡爱祖国、爱人民、爱劳动的社会风尚，要培养爱国主义和民族自尊心，提倡勤劳致富、艰苦创业、简朴生活光荣，不劳而获、损公肥私、奢侈、浪费可耻的社会风气，造就一种勤奋、向上、健康的生活方式和社会风气。

最后，需要说明的是，在整理这份研究报告时，我们深深感到，与1985年中国社会科学院调研组到深圳帮助制定发展战略时的情况相比，深圳已有很大发展，既积累了丰富经验，又面临着复杂情况，有不少问题还有待专门研究和跟踪研究，特别是一些社会问题本报告研究得还很不深入。由于时间仓促和水平所限，本文和各专题报告所作的分析、判断和建议意见，定会有疏漏和不当之处，敬请各位领导和同志们给予指正。

提高大连开放度，建设现代国际城*

——在大连发展战略会上的发言
（1993年5月5日）

在去年（1992年）小平同志南方谈话和党的十四大精神鼓舞下，大连市把推进经济上新台阶作为对外开放的出发点，确定了未来发展的战略目标，这就是按照现代化国际性城市和社会主义市场经济的要求，经过20世纪90年代和21世纪初的努力，逐步把大连建设成为具有自由港性质的国际港口城市，技术先进的综合工业基地，东北亚地区一个重要的商贸、金融、旅游、信息中心。我认为，大连市这一未来的发展战略目标体现了进一步解放思想、加快改革开放步伐的精神，只要脚踏实地干下去，力争用20年左右的时间，大连在城市综合功能和贸易转运方面发挥"北方香港"作用的愿望是可以实现的。我对在大连再造"北方香港"谈几点个人的看法。

第一，应抓住机遇，全面准确地实施小平同志关于再造香港的战略构想。目前，初步可以看出小平同志关于再造香港战略构想的实质有两点，一点是提高对外开放的程度，即提高开放度，正如1989年5月小平同志讲的："我过去说过再造几个香港，就是说我们要开放，不能收，要比过去更开放。"另一点是扩大对外开放的范围——扩大开放面，这就是小平同志提出的"在内地

* 原载《经济日报》（节要）1993年5月13日，《大连日报》1993年5月9日。准备发言稿时，王振中博士协助提供了素材。

还要造几个香港"的构想。大连市提出"再造北方香港"，是符合小平同志再造香港的战略构想的精神实质的。

第二，对于用20年左右时间，逐步把大连建设成为具有自由港性质的国际港口城市这一构想，从历史发展的背景来看，也有其历史继承的必然性。大连曾是亚太地区的著名港口和重要的贸易中心之一，并三次宣布为自由港。根据各方面提供的资料，1898年中俄政府签订的《旅大租地条约》，1905年日本统治时期的开放大连的政策，以及1943年至1945年期间美、苏、英三国首脑在大连建立自由港问题上的讨价还价，尽管这三次被宣布为自由港的历史具有不平等的色彩，但足以看出大连在太平洋西岸的东北亚地区占有重要的位置。再过6年，即到1999年时，是大连港建港100周年，我们应该有勇气和有信心，让大连港在社会主义市场经济体制下恢复历史上赋予的自由通商功能。在社会主义政权下，大连发挥北方香港的作用，将会极大地增进国家和人民的利益。

第三，提高大连开放度，将会加快东北地区的增长速度和发展质量。在中国的经济发展中，曾为我国做出过重要贡献的东北地区，由于技术设备陈旧，投入不足，效益低下，被人们称为"东北现象"。东北现象之所以被国内外关注，原因在于东北是我国重化工业基地，行为主体是国有大中型企业，受产品经济和计划体制影响较深，传统体制和思维模式的惯性较强。东北现象解决得如何，在一定程度上可以衡量出我国大中型企业的前途如何。如果大连能在对外开放方面采取更加有力的措施，那么不仅可以在沿海开放布局中校正"重南轻北"的偏差，而且将进一步促进东北地区转换观念，加速由计划经济向社会主义市场经济转移的步伐，会为东北地区的经济发展注入新的活力。

第四，提高大连开放度，将会加强我国在东北亚经济合作中的地位和作用。在当前世界经济发展日趋区域化和集团化之际，东北亚的经济合作格外引人瞩目，尤其是图们江开发工程更是如此。但是我们应该看到，目前图们江开发困难重重，特别是这一区域开发并不包括美国，因此开发也会遇到一些麻烦。在这种背景下，集中精力在大连再造"北方香港"是较为现实的选择。尽管大连的开放度还不如目前几个南方特区，但大连一直是东北亚的投资热点，到1992年年底，大连实际利用外资24亿美元，已投产或营业的外商投资企业达624家，境外的商社、金融组织等在大连设立了606家常设机构，尤其是中日合资的工业园区、与台商合资的振鹏工业城、韩国客商投资准备兴建的工业村等大规模的吸引外资项目，都使得大连在东北亚经济合作中具有重要作用。

第五，在建设国际港口城市方面，大连具有目前某些经济特区不可比拟的优势。例如，大连在全国城市综合实力50强中居第8位；港口年货物吞吐量已达6000万吨，万吨级泊位32个；正在建设中的大窑湾国际深水中转港，规划形成年吞吐量可达8000万~10 000万吨。但我认为，大连同南方特区相比，最大的优势与其说是资源优势，不如说是人才优势。17所高等院校、120多个独立科研机构、26万多人的各类专业技术人员、将近500所各类中等学校、1676所成人业校，这些浓厚的文化基础和雄厚的人才后备，是南方经济特区所羡慕和渴望的。大连市如果能在人才开发方面采取有力措施，那么在"再造香港"方面就会处于领先地位。

邓小平的特区建设思想*

——在中国社会科学院召开的邓小平特区建设思想研讨会上的讲演

（1993年5月13日）

邓小平同志关于建设经济特区的思想，是建设有中国特色的社会主义理论的重要组成部分。它包含着极为丰富的内容，具有重大深远的意义。江泽民同志在海南省建省办特区5周年庆祝大会上说："创办经济特区，是邓小平同志亲自倡导、设计并始终关注和支持的一项崭新事业，是我们党和国家的一个重大决策。经济特区作为对外开放的'窗口'，为全国的改革开放一直发挥着试验、探路和积极推动的作用，并以自己的宝贵经验为丰富建设有中国特色社会主义理论做出了贡献。在我国现代化建设波澜壮阔的发展过程中，经济特区的'排头兵'作用将会不断地以其特有的光芒而闪耀史册。"

下面，我根据自己学习邓小平特区建设思想的体会，谈几点认识。

邓小平特区建设思想的主要内容

大家知道，我国的经济特区是邓小平同志提议创办并亲自设

---

* 原载《光明日报》1993年5月25日，《深圳日报》1993年5月25日，《江海学刊》1993年第5期，《开放导报》1993年第4期等处。李茂生协助起草。

计、指导实施的。14年间，他始终关注和支持特区的建设，先后深入各个特区视察，在多次谈话中从不同角度论及特区问题，做出过一系列指示，从而形成了较完整的建设经济特区思想。我想应从以下四个方面来把握。

1. 创办经济特区是建设有中国特色社会主义的重要举措。邓小平同志历来强调在社会主义发展道路问题上不照搬外国模式，也不把书本当教条，而要解放思想，实事求是。在党的十一届三中全会结束不久的1979年4月，当广东省委的同志提出要在对外开放上做点文章时，邓小平同志说："可以划出一块地方，叫作特区。陕甘宁就是特区嘛。中央没有钱，要你们自己搞，杀出一条血路来。"邓小平同志是将特区与对外开放紧紧联系在一起的，将办特区作为对外开放的具体形式之一。他认为："任何一个国家要发展，孤立起来是不可能的，闭关自守是不可能的。要实现我们的第一步目标和第二步目标，不开放不行，不加强国际交往不行，不引进发达国家的先进经验、先进科学技术成果和资金不行。关起门来是不行的。这叫对外开放。"他还明确提出"特区将成为开放的基地"。邓小平同志大胆地做出了建设经济特区的决策后，十多年来，不断总结特区建设的经验，又先后提出了建立沿海开放区、海南建省办特区等一系列对外开放的决策和设想，并形象化地把建设特区比喻为"再造几个香港"。他说："我过去说过要再造几个香港，就是说我们要开放，不能收，要比过去更开放，不开放就发展不起来。"所以，创办经济特区首先是着眼于对外开放，通过建设特区来实行和扩大对外开放，以此促进我国社会主义经济的发展。总之，创办经济特区是实现我国对外开放政策的一个重要举措，从而也是建设有中国特色社会主义的一个重要举措。

2. 特区要发展外向型经济，发挥"窗口"和"基地"的功能作用。经济特区经过不长一段时间的试验，邓小平同志就总结出了经济特区的重要功能，提出了对特区建设的具体要求，主要包括：

（1）特区要发挥对内对外的窗口作用。邓小平同志早在1984年年初就明确指出："特区是个窗口，是技术的窗口，管理的窗口，知识的窗口，也是对外政策的窗口。"所谓技术的窗口、管理的窗口、知识的窗口，是指通过经济特区，我们可以引进国外先进技术，获得国外的新的知识，学到外国先进的经营管理方式。引进和学习、吸收和借鉴这些属于人类创造的文明成果，使社会主义赢得与资本主义相比较的优势，是邓小平同志的一贯思想。改革开放初期，他就说过："有些东西并不能说是资本主义的。比如说，技术问题是科学，生产管理是科学，在任何社会，对任何国家都是有用的。我们学习先进的技术、先进的科学、先进的管理来为社会主义服务，而这些东西本身并没有阶级性。"特区由于对外实行优惠政策和灵活措施，能够而且应该在这方面发挥作用。所谓对外政策的窗口，就是能使外国人、海外华人、港澳台同胞通过特区了解中国和中国的对外经济政策，使他们能来华投资，带来先进技术和管理，同时使特区"成为开放的基地，不仅在经济方面、培训人才方面得到好处，而且会扩大我国的对外影响"。

（2）特区要发展外向型经济。特区创办初期，对于特区要办成什么类型的经济——内向型？外向型？双向型？在实践中是有争论的，还是邓小平同志做出了正确的回答。早在1985年，邓小平同志就在"特区经济要从内向转到外向"的谈话中提道："我们特区的经济从内向转到外向，现在还是刚起步，所以好的产品、能出口的产品不多。只要深圳没有做到这一步，它的关就还没有过，还不能证明它的发展是很健康的。"发展外向型经济的问题，邓小平同志看得很重，把它看成是"过关"，当作特区发展是否健康的标志。这就为特区经济发展指出了正确的方向。

3. 特区建设要勇于试验，大胆创新。这是邓小平同志特区建设思想中重要的方法论内容。改革开放、办经济特区是一项全新的事业，一开始就有不同意见，如果等到意见统一后再干，势必耽误时间、失去机遇。所以，对包括创办特区在内的改革开放大业，邓小平同志提出"不争论，大胆地试、大胆地闯"，他明确指出："不搞争论，是我的一个发明。不争论，是为了争取时间干。一争论就复杂了，把时间都争掉了；什么也干不成。""看准了的，就大胆地试、大胆地闯，深圳的重要经验就是敢闯。没有一点闯的精神，没有一点'冒'的精神，没有一股气呀、劲呀，就走不出一条好路，走不出一条新路，就干不出新的事业。"我们的几个经济特区之所以能飞速发展，我国的改革开放之所以取得举世公认的宏伟成就，邓小平同志的这个大胆地试、大胆地闯的思想是一个决定性因素。

4. 特区建设必须坚持四项基本原则，坚持两手抓。这是特区建设的政治保证，也是从根本上解决怎么办特区的问题。邓小平同志曾经说过："20世纪80年代初建立经济特区时，我与广东同志谈，要两手抓，一手抓改革开放，一手抓严厉打击经济犯罪，包括抓思想政治工作。"1992年年初他又说："广东20年赶上亚洲'四小龙'，不仅经济要上去，社会秩序、社会风气也要搞好，两个文明建设都要超过他们，这才是有中国特色的社会主义。"他还结合深圳的实际，语重心长地告诫特区的领导人、建设者："在整个改革开放的过程中，必须始终注意坚持四项基本原则……资产阶级自由化泛滥，后果极其严重。特区搞建设，花十几年时间才有这个样子，垮起来可是一夜之间啊。垮起来容易，建设就很难。在苗头出现时不注意，就会出事。"当然，邓小平同志在更高层次上提出的坚持四项基本原则问题，对特区建设同样是完全适用的。他在1987年1月的一次谈话中指出："我们要继续开放，更加开放。因为我们的承受能力比较大，加上我们有正确的政策，开放不能影响我们社会主义制度的根本。我们教育人民坚持四项基本原则，这就从根本上提供了保证。"

邓小平经济特区建设思想作为建设有中国特色社会主义理论组成部分的理论意义

邓小平同志的特区建设思想是他改革开放思想的最具特色的重要组成部分，而改革开放思想又是以他为主创立的有中国特色社会主义理论的重要内容，从这个意义上，我们也可以说，邓小平同志的经济特区理论丰富和发展了马克思主义。做出这样一个总判断是否恰当，大家可以进一步探讨。我们或许还可以这样概括：创办经济特区是邓小平同志发展马克思主义的一个很有特色的事例。

1. "解放思想、实事求是"是思想路线的生动体现。用西方评论家的话来说，创办经济特区是"致力于现代化的大胆行动和创造性的决策"。这一决策能够在"文化大革命"结束不久，许多"左"的思想、传统的思维定式还束缚着人们头脑的情况下提出并实施，充分体现了邓小平同志伟大无产阶级革命家的智慧和胆略，以及马克思主义的高瞻远瞩。大家知道，由于"以阶级斗争为纲"的长期影响，人们普遍犯有"恐资病"，针对这种"左"的影响，邓小平同志以诲人不倦的精神，反复做说服教育工作，从党的十一届三中全会前后开始，到1992年年初视察南方时的重要谈话，都贯穿了这一精神，要大家解放思想，实行开放政策，吸收外国的资金、技术，学习外国的先进管理，他甚至将它提到是真正坚持社会主义，还是继续"四人帮"的"宁要社会主义的草，不要资本主义的苗"这样的高度来认识。解放思想、实事求是精神还具体体现在特区的地域选择上。我国的五个经济特区,最早的一个是深圳,最迟建立也是最大的一个是海南岛,这两个地方各自都有个对比的地方,深圳以香港地区、海南以台湾地区为对比。邓小平选择这两个地方办特区,承认差距,不讳言落后,但坚信社会主义制度的优越性,认为"社会主义要赢得与资本主义相比较的优势,就必须大胆吸收和借鉴人类社会创造的一切文明成果,吸收和借鉴当今世界各国包括资本主义发达国家的一切反映现代社会化生产规律的先进经营方式、管理方式"。按照邓小平同志建设特区思想创办深圳特区的结果,使深圳与香港在物质文明建设方面的差距急剧缩小,精神文明优于香港,从而使过去从深圳跑到香港去的人不少已返回深圳。邓小平同志倡议搞海南特区,也是基于同样的考虑,因为海南岛与台湾地区的面积差不多,"如果能把海南岛的经济发展起来,那就是很大的胜利"。海南办特区五年来发展很快,邓小平同志的伟大构想一定会计日成功的。

2. 以三个"有利于"判断姓"社"姓"资",丰富了实践是检验真理的唯一标准的理论。邓小平同志1992年年初视察南方时指出:"对办特区,从一开始就有不同意见,担心是不是搞资本主义。深圳的建设成就,明确回答了那些有这样那样担心的人。特区姓'社'不姓'资'。从深圳的情况看,公有制是主体,外商投资只占1/4,就是外资部分,我们还可以从税收、劳务等方面得到益处嘛!多搞点三资企业,不要怕……三资企业受到我国政治经济条件的制约,是社会主义的有益补充,归根结底是有利于社会主义的。"由此可见,姓"社"姓"资"的问题,是一个实践的问题,而不是一个抽象的概念问题,对于姓"社"姓"资"的判断标准,邓小平同志在谈话中作了进一步的规范的概括,他指出:姓"社"姓"资"问题"判断的标准,应该主要看是否有利于发展社会主义社会的生产力,是否有利于增强社会主义国家的综合国力,是否有利于提高人民的生活水平"。这就是我们现在通常所说的"三个有利于"的标准。"三个有利于"标准使实践标准更具体、更丰富了。"三个有利于"的标准是邓小平同志用以直接回答特区姓"社"姓"资"问题的，因而无论对评价特区的过去还是指导特区的未来，都有直接的指导意义。但是，"三个有利于"的理论指导意义并不局限于特区，也不仅仅限于判断姓"社"姓"资"，它是普遍真理，江泽民同志在党的十四大报告中就已经将它列为建设有中国特色社会主义理论的内容之中，将它作为"判断各方面工作的是非得失"的"归根结底"的标准。

3. 超出了国外搞特区的做法和经验，形成了全新的社会主义经济特区理论。众所周知，在邓小平同志倡议创办经济特区之前，世界上有若干国家也有一些特区。早在16世纪中叶，一些欧洲国家的新兴资产阶级为冲破封建的障碍，开辟世界市场而建立过贸易型的特区；第二次世界大战之后，较多的特区是"出口加工区"；20世纪80年代以来又出现了科技型特区，等等。但国外种类繁多的特区，其创办的目的单一，特区的功能单一，除了为实现某一功能而在政策上有所区别外，特区与非特区没有什么不同。我国的经济特区就不同了。从特区的功能来说，邓小平同志提出的"四个窗口，一个基地"，就大大超出了国外所有的特区。不仅如此，按照邓小平同志的设想，还要通过特区发展带动所在省以至整个内地的发展；以特区为中心，依次带动沿海开放城市、沿海开放带、长江流域直至全国的全方位开放；让特区在改革方面带头大胆试大胆闯，创出经验供全国借鉴，以及通过特区的试验为社会主义赢得与资本主义相比较的优势闯出一条新路，等等。这些设想构成了全新的内容十分丰富的社会主义经济特区理论，进一步丰富了建设有中国特色的社会主义理论。

邓小平经济特区建设思想的伟大实践意义

邓小平同志经济特区建设思想不仅具有重大的理论意义，也有着重大的实践意义，它既体现在各个特区本身建设的巨大成就上，也表现在通过特区对全国以至世界的影响上。

1. 邓小平同志办特区的思想和他本人对特区建设的关怀和支持保证了经济特区健康的、高速度的发展。比如最早的特区深圳，经过十余年，已从一个贫穷的边陲小镇，发展为一个颇具规模、功能较为齐全的现代化城市，创造了举世瞩目的"深圳速度"，其他几个特区，也无不取得了惊人的成就。特区经济发展的事实，证明了社会主义可以有比资本主义更高的发展速度，显示了邓小平同志特区思想的强大生机与活力。

2. 邓小平同志建设特区思想从两个方面促进了全国全方位开放局面的形成：一方面，各个特区落实邓小平同志关于特区要起到"窗口"和"基地"作用的指示，在发展外向型经济中通过外引内联，利用特殊政策将国外（包括港澳台地区）的资金、先进技术和管理，以及人才引入特区，既发展了特区经济，又使我们了解了外部世界，学到了技术与管理，也使外商了解了中国，包括中国的国情、文化、对外政策与投资环境。这样一来，就出现这样几种现象：第一种现象是一些内联单位和其他内地来的人员，直接将在特区学到的技术与管理移植到内地。第二种现象是内联企业，甚至一些内地去的打工仔、打工妹将在特区结识的外商引入内地搞合资企业。第三种现象是一些在特区搞三资企业的外商，自己直接到特区外我国内地建分公司（厂）或找新的合作伙伴，开辟新的投资领域，等等。各地看到了对外开放的好处，自然乐于成其事。

3. 我们在特区搞了一段后，初步看到了邓小平同志提出的这一战略构想的实际效果，进一步做出了扩大开放的决策。包括相继开放沿海14个城市，在长江三角洲、珠江三角洲、闽东南三角地区、环渤海湾地区开辟经济开放区，近两年又扩大沿边开放，将内陆省会城市列为开放城市，以及以上海浦东开发为龙头，进一步开放长江沿岸城市。上述两方面的结合，就形成了我国20世纪90年代全方位多层次开放的格局。没有邓小平同志办特区的思想，没有经济特区的实践，也就不可能有今天的全方位开放的局面。

4. 更重要的是，邓小平同志的特区建设思想为最终确立建立社会主义市场经济体制的改革目标铺平了道路。

按照邓小平同志办特区的思想，我国经济要与国际市场接轨，要对外开放与外商合资合作，就必须进行市场取向的改革。邓小平同志关于吸收和借鉴资本主义发达国家反映现代化生产规律的先进经营方式的指示，关于判断是非的"三个有利于"的标准，直接支持了市场取向的改革。深圳经济特区在建立初期，就提出了它的经济以市场调节为主，其发展从中获益匪浅。根据邓小平同志的思想，1988年1月，中国社会科学院海南调研组在帮助海南建省办大特区制定发展战略时，明确提出了海南要"实行社会主义市场经济"；我们在海南发展战略研究报告中提出："在经济体制方面，海南省实行社会主义市场经济，既有别于资本主义的市场经济，又能吸收融合其一切好的做法和经验，比其他经济特区的'市场调节为主'向前推进一大步。这种新的经济体制，与国际市场的运行机制、运行方式协调一致，既有利于大量吸引国外资金、技术和人才，又有利于调动省内和国内各地区、各部门和企业、集体、个人的积极性，汇成一股开发海南的巨大力量，支持海南的起飞。"海南发展战略是我国最先提出建立社会主义市场经济体制作为改革目的的。无论是以市场调节为主的深圳提法，还是建立社会主义市场经济的海南提法，它们在特区的经济改革和发展中都发挥了重大作用。这一点，特区的建设者们体会最深，到过特区，对特区有所了解的人也都有所认识。所以，当邓小平同志1992年年初再次视察特区，再次告诫我们"计划经济不等于社会主义，资本主义也有计划；市场经济不等于资本主义，社会主义也有市场"以后，社会主义市场经济体制作为改革的目标在全国已经是呼之欲出了。我们党在邓小平同志这次谈话的几个月后，在党的十四大上正式确定了以建立和完善社会主义市场经济体制作为经济体制改革的目标。没有十多年市场取向改革的伟大实践，没有邓小平同志对这一实践做的理论概括，就不可能在党的十四大提出建立社会主义市场经济体制的改革目标。对于党的十四大关于社会主义市场经济的这一重大决策，我们可以同样用得上邓小平同志针对当年通过"社会主义有计划商品经济"这一提法的文件时所说的话："过去我们不能写出这样的文件，没有前几年的实践不可能写出这样的文件，写出来，也很不容易通过。我们用自己的实践回答了新情况下出现的新问题。"

特区建设和全国改革开放上新水平提出的若干有待探讨的问题

1992年年初邓小平同志视察南方发表重要谈话后，我国的改革迅速向深层次发展，开放向全方位推进，形势发展向我们提出了不少新的课题，需要我们根据建设有中国特色社会主义理论和不断发展的实践去研究探讨。以下举出几个问题为例，供大家参考。

1. 关于经济特区的进一步发展问题。随着开放由特区、沿海向沿江、沿边和内陆城市推进，这些地方也实行类似特区的优惠政策，于是出现了所谓"特区不特"的问题。特区如何进一步

刘国光

经济论著全集

第
10
卷

发展，特区的"窗口""基地"的功能会不会改变？是否需要给特区以新的更特殊的政策？我认为特区的政策优势的确在减弱，但特区有先行优势和区位优势，能在一定程度上弥补政策优惠淡化的不足，因而不能笼统地说特区不特了，它还能继续起改革开放排头兵的作用，发挥"窗口"和"基地"的功能。特区今后可以通过提高水平（包括技术水平、管理水平、知识水平、政策水平）、增进效益来带动内地发展。当然，即使如此，也还有不少待研究的问题，比如特区的产业结构如何升级，产品结构如何优化，特区怎样进一步扩大开放面，如何提高开放度，能否在市场发展、在市场经济宏观管理操作方面为全国提供经验，如此等等，都需要探讨。

2. 内地如何学习借鉴特区经验进一步对外开放。在全方位开放的形势下，内地不少地方为吸引外资，能发展得更快一些，存在着政策攀比、优惠竞争，有些地方还宣称那里的政策比特区更优惠。应当如何认识和对待这样的问题？国家应该对此采取什么样的措施进行调控？这些地方自己应当怎么做？

3. 关于特区、沿海与内地的差距问题。这些年，包括特区在内的沿海地区与内地特别是中西部的差距在扩大，这个问题怎么看？当然，地区之间发展不平衡是必然存在的，地区差别不可能消灭，但差别无疑应力争逐步缩小。如何缩小？缩小的步骤又如何？是靠调整地区优惠政策，还是靠调整产业倾斜政策？

4. "复关"对我们的特区建设与我国的对外开放会带来什么样的影响，我们应采取什么样的对策，等等。上述问题的研究解决，对我国未来特区的进一步发展、上新水平，对于我国的改革开放和经济发展上新台阶，都具有十分重要的意义。今天我在这里提出来，供大家研究讨论时参考。

中国地区经济发展战略的评估与展望*

——在香港中文大学召开的中国地区经济发展研讨会上的主题讲演

（1993年5月18日）

4年前，也就是1989年5月，香港中文大学、中国社会科学院、国家统计局三方共同签署了“中国地区经济发展合作研究计划书”。到现在，经过整整4年的努力，三方课题组按照预定的计划，顺利完成了数据资料的收集与整理、各项子课题的计算与分析、最终研究论文的写作等工作。我认为，三方合作共同进行的这项研究是成功的，它具有以下几个重要的意义：

第一，中国现在正处于加快改革开放、加快现代化建设的重要历史时期。在20世纪90年代，要初步建立起新的社会主义市场经济体制；到20世纪末，要实现现代化建设的第二步战略目标，使人民生活达到小康水平。我们所进行的这项研究，对中国地区经济发展各个有关方面的问题进行了定性与定量相结合的分析，这对于科学地总结过去几十年中国地区经济发展所走过的历程，正确选择今后地区经济发展的战略决策，从而促进整个改革开放和现代化建设事业的顺利开展，具有重要的指导意义。

---

* 写作中得到刘树成同志协助。

第二，我们所进行的这项研究，收集、整理并最终提供出中国大陆各个地区的、100多个变量的、连续40余年的大量数据。这项资料工作以及建立在这些资料基础之上的分析研究工作，对于对中国问题感兴趣的经济学家、地理学家、社会学家等各个方面的专家学者，和对于海外投资者、经营者等，都具有重要的学术价值和实际参考意义。

第三，我们所进行的这项研究，自始至终是在大陆学者与香港学者的紧密合作下进行的。在这4年当中，各方课题组成员多次聚会在一起，进行友好的交流与深入细致的探讨，这对于进一步增强大陆与香港学术界的友谊和往来，也是很有意义的。

在这次研讨会上，各方都提出了自己的研究成果。以中国社会科学院课题组成员担任主要执笔所提交的正式研究论文共8篇，内容涉及中国经济增长的区域结构及其变化；地区间收入差异与技术进步差异的不均等测度；地区经济发展不平衡性的测度；国民收入的地区间流动；地区经济发展的因素分析；核心与边陲分析等几个方面。这里，我结合各篇论文的研究成果，就中国地区经济发展战略问题，谈几点个人的看法，供大家共同讨论。

一、中国地区经济发展战略的转换

1949年新中国成立后，经过3年的国民经济恢复，从1953年起开始大规模的、有计划的经济建设。从1953年到1990年，40余年来，地区经济发展经历了两个阶段，先后实施了两种不同的地区经济发展战略。从1953年到1978年为第一个阶段，这一阶段的地区经济发展战略可以简明地概括为：以建设内地为主的平衡布局战略；从1979年到1990年为第二个阶段，这一阶段的地区经济发展战略可以简明地概括为：以发展沿海为主的梯度推移战略。

这就是说，40余年来，地区经济发展战略有一个转换。具体说，这一转换具有如下6个特点：

第一个特点，地区经济发展战略的出发点和目的的转换。在第一个阶段，地区经济发展战略的出发点和目的主要有两个：一是为了平衡工业布局；二是为了备战。在第二个阶段转换为：一是为了推进现代化建设；二是为了推进改革开放。

新中国成立初期，我国面临的是历史上形成的工业过于集中在沿海的不合理状况。1952年，在全国工业总产值中，沿海占68.2%，内地仅占31.8%，大致说是70%对30%[①]（见附表1）。这种状况不利于全国工业的平衡布局，也不利于当时中国面临的国际环境所决定的备战的需要。

到1978年，经过了20多年的建设，工业畸重于沿海的状况有了改变。在全国工业总产值中，沿海的比重下降为59.8%，内地的比重上升为40.2%，大致说是60%对40%。这样，地区经济发展由平衡工业布局的任务转向了推进现代化建设的任务；加之国际形势的变化，地区经济发展也由备战的需要转向了推进改革开放的需要。

第二个特点，投资重点的转换。在第一个阶段，投资重点在内地；第二个阶段，投资重点转换为沿海。

[①] 本文所用数据全部引自或加工整理自：《全国各省、自治区、直辖市历史统计资料汇编（1949—1989）》，中国统计出版社1990年版；《中国统计年鉴（1991）》，中国统计出版社1991年版；《中国统计年鉴（1992）》，中国统计出版社1992年版；《中国固定资产投资统计资料（1960—1985）》，中国统计出版社1987年版；《中国固定资产投资统计资料（1986—1987）》，中国统计出版社1989年版；《中国固定资产投资统计资料（1988—1989）》，中国统计出版社1991年版。沿海即为东部，包括：辽宁、北京、天津、河北、山东、上海、江苏、浙江、广东、广西、福建、海南12个地区。内地为中部、西部。中部包括：黑龙江、吉林、内蒙古、山西、河南、安徽、江西、湖北、湖南9个地区；西部包括：新疆、甘肃、青海、宁夏、陕西、西藏、四川、云南、贵州9个地区。

在第一个阶段，1953—1978年，在全国所有制基本建设投资中，沿海占35.7%，内地占55.2%，不分地区的投资占9.1%[①]（见附表2），内地比沿海高出19.5个百分点。在这一阶段中，特别是1964—1972年的三线国防建设时期，在全民所有制基本建设投资中，沿海仅占28.7%，内地占62.8%，不分地区的投资占8.5%。内地比沿海高出34.1个百分点。

在第二个阶段，1979—1990年，在全民所有制基本建设投资中，沿海占49.9%，内地占43.2%，不分地区的投资占6.9%。沿海比内地高出6.7个百分点。在这一阶段，若从全社会固定资产投资看，1982—1990年，沿海占54.6%，内地占41%，不分地区的投资占4.4%。沿海比内地高出13.6个百分点（见附表2）。

第三个特点，经济增长源的转换。在第一个阶段，投资的重点虽在内地，但因内地基础薄弱，且正在建设之中，所以全国国民经济的增长，特别是工业生产的增长，主要靠充分利用沿海原有的工业基地——上海、辽宁、天津、北京这4个地区。在这一阶段，这4个地区成为全国经济的增长源，其国民收入的年平均增长速度均高于全国平均水平，它们的名次列于前5名之中（见附表3）。

在第二个阶段，以上4个原有的工业基地已经"老化"，它们的国民收入年平均增长速度均低于全国平均水平。在这一阶段，整个国民经济的增长源转换为东南沿海新兴的工业地区——浙江、广东、福建、江苏、山东这5个地区。这5个地区的国民收入年平均增长速度，在第一个阶段时均低于全国平均水平，而在第二个阶段时均高于全国平均水平，一跃而居全国前5名（见附表3）。

第四个特点，轻、重工业结构的转换。在第一个阶段，为了

中国地区经济发展战略的评估与展望

---

① 不分地区的投资指：铁道、邮电、电力等部门的跨省区项目；飞机、船舶、机车车辆等的统一购置；人防工程等的投资。

建立我国工业化的初步基础，优先发展的是重工业。1952年，在全部工业总产值中，重工业占35.5%，轻工业占64.5%，重工业的比重小于轻工业29个百分点。到1978年，重工业的产值比重上升为56.9%，轻工业的产值比重下降为43.1%，重工业的比重变为大于轻工业13.8个百分点。在这一阶段，各地区的重工业产值比重无一例外地均呈上升之势（见附表4）。

在第二个阶段，轻工业的发展转换为重点。到1990年，在全部工业总产值中，重工业的比重下降为50.6%，轻工业的比重上升为49.4%，大致说是50%对50%。在这一阶段，全国30个省、自治区、直辖市中，除7个地区（天津、山西、江西、河南、西藏、陕西、青海）重工业产值比重继续有所上升外，其他23个地区重工业产值比重均呈下降之势，也即轻工业产值比重均呈上升之势（见附表4）。在这一阶段，工业生产增长最快的浙江、广东、福建、江苏、山东这5个东南沿海新兴工业地区，也是轻工业产值比重较高的地区。

第五个特点，所有制结构的转换。在第一个阶段，由新中国成立初期的所有制多元结构转变为社会主义公有制的单一结构。1952年，在全部工业总产值中，国有企业占41.5%，集体企业占3.3%，个体企业占20.6%，其他经济类型企业占34.6%。到1978年，国有企业的产值比重上升为77.6%，集体企业的产值比重上升为22.4%，这两项合起来，公有制企业的产值比重为100%，而个体企业、其他经济类型企业已不复存在。从全国各地区看，所有制结构均发生了同样的变化（见附表5）。

在第二个阶段，又由公有制的单一结构转变为多种经济成分并存的多元结构。到1990年，在全部工业总产值中，国有企业的比重下降为54.6%，集体企业的比重上升为35.6%，个体企业和三资等其他经济类型企业由无变有，其比重分别为5.4%和4.4%。若从国有企业与非国有企业的划分来看，国有企业的产值比重为

54.6%，非国有企业的产值比重合计为45.4%。

以上是从当年工业总产值总量来计算的比重。若从1990年比1989年按可比价格的工业总产值增量来计算比重，则国有企业的产值增量比重为37.8%，非国有企业的产值增量比重为62.2%。这就是说，从工业生产的增量比重来看，非国有企业已超过了国有企业。

从全国各地区的情况看，所有制结构也都在向多元化转换。其中，工业生产增长最快的浙江、广东、福建、江苏、山东这5个东南沿海新兴工业地区，也是非国有企业发展最快的地区。这5个地区非国有企业的产值比重已达54.9%~68.8%（见附表5）。

第六个特点，地区经济发展战略在实施中所依托的经济体制的转换。在第一阶段，地区经济发展战略是在高度集中的计划经济体制下实施的。从投资决策，到产品的产、供、销；从生产要素的配置与流动，到产品的价格制定，都是由中央政府决定的。而各地方政府和企业，只是中央决策的被动执行者。在第二个阶段，地区经济发展战略是在由高度集中的计划经济体制向社会主义市场经济体制转换的过程中实施的。地方政府的自主权在扩大，企业的经营机制在转变，市场经济在资源配置中的作用在增强。从地区经济发展战略的实施手段来说，在第一个阶段主要靠国家财政投资的直接倾斜。投资主体一元化，就是国家、中央政府。也就是说，国家财政投资成为实施地区经济发展战略的最重要手段。在第二个阶段，投资主体转换为多元化。1990年，在全社会固定资产投资中，国家预算内投资只占8.7%，国内贷款占19.6%，利用外资占6.3%，自筹和其他投资占65.4%。非国家预算内投资合计占到91.3%。在这一阶段，地区经济发展战略的主要实施手段转向采用各种优惠政策，包括建设项目的审批权限下放、利用外资政策、税收政策、外汇留成和使用政策、信贷政策、外贸政策、价格制定，等等。

二、对地区经济发展战略的评估与展望

从以上分析看到，从1953年到1990年，先后实施了两种不同的地区经济发展战略。这两种地区经济发展战略是从当时不同的经济背景条件和不同的国际环境条件出发的。我个人认为，这两种地区经济发展战略就当时的背景和条件来说，都是比较成功的，总的来说，都达到了预期的结果，同时，也随之产生了一些新的问题。

从1953年到1978年所实施的以建设内地为主的平衡布局战略，其成功之处在于：改变了新中国成立初期历史上形成的工业过于集中在沿海的不合理状况，使工业布局得到改善，增强了广大内地的物质技术基础，为内地的后续发展创设了必要的条件。实施这一战略所产生的新问题：一是忽视了沿海地区的建设，使沿海地区特别是沿海老工业基地得到了充分的利用，但本身没有得到应有的发展。二是各地区工业结构均重型化、投资主体一元化、所有制结构一元化，决策权高度集中于中央，使各地区的经济发展失去了应有的活力和特色，影响了国民经济整体效率的提高。

从1979年到1990年所实施的以发展沿海为主的梯度推移战略，其成功之处在于：推动了沿海地区，特别是东南沿海新兴工业地区的发展，并为在全国推进改革开放和建立社会主义市场经济新体制积累了宝贵的经验，同时也加快了全国经济的发展。在一定程度上提高了国民经济的整体效率。实施这一战略所产生的新问题：一是沿海的新兴工业地区得到了迅速发展，而沿海的某些重要的老工业基地仍未得到应有的改造和发展；同时，沿海新兴工业地区与内地的发展差距拉大。二是大部分地区工业结构趋

同于轻型化，不利于充分发挥各地区的优势，不利于全国产业布局的合理化；同时，在市场经济发育初期，一些地区为发展和保护自身的经济利益而盲目地进行重复建设和实行地区封锁，不利于全国统一的市场体系的建立与发展。

进入20世纪90年代之后，中央政府在继续实施以发展沿海为主的梯度推移战略中，重视了以上所存在的问题。一是适时地进行了改革开放的向内地推移，形成多层次、多渠道、全方位开放的新格局。在继续办好80年代兴建的经济特区、沿海开放城市和沿海经济开放区的同时，扩大开放了沿边、沿江地区，加快了内陆省、自治区对外开放的步伐。二是强调了各地区间的协调发展，提出"在国家统一规划指导下，按照因地制宜、合理分工、各展所长、优势互补、共同发展的原则，促进地区经济合理布局和健康发展"[①]。

从整个90年代中国地区经济发展来看，我个人认为，还有以下几个问题值得重视：

第一，要把地区发展与产业发展更好地结合起来。过去，在地区发展上，中央政府的投资政策和其他有关优惠政策主要是采取地区倾斜的方法，先是向内地倾斜，后是向沿海倾斜；在产业发展上，先是向重工业倾斜，后是向轻工业倾斜。在向重工业倾斜时，各地区"齐步走"，一起重型化；在向轻工业倾斜时，各地区又一起轻型化。这样，使得地区发展与产业发展没有很好地结合起来。在90年代，从整个国民经济宏观角度看，制约国民经济发展的有三大"瓶颈"部门：一是交通运输，二是能源，三是主要原材料。因此，在90年代，为了保证整个国民经济持续稳定与高速发展，进一步提高国民经济的整体效率，必须下大力气打通这三大"瓶颈"制约。由此出发，中央政府的投资政策和其他

中国地区经济发展战略的评估与展望

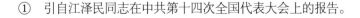

① 引自江泽民同志在中共第十四次全国代表大会上的报告。

有关优惠政策不应再采取过去那种简单的地区倾斜方法，而应采取向"瓶颈"部门的倾斜方法；在向"瓶颈"部门倾斜时，各地区也不要像过去那样"齐步走"和"一刀切"，而要从发挥各自的优势出发，建立各具特色的产业结构，实现全国合理的产业布局和地区分工。

第二，关于地区间收入差距问题。邓小平同志在1992年年初南方谈话中重申了各地区共同富裕的构想：一部分有条件的地区先发展起来，一部分地区发展慢点，先发展起来的地区带动后发展的地区，最终达到共同富裕。我认为，这个构想是客观的、正确的。共同富裕不等于是同步富裕。贫富地区之间由于历史、自然形成的各种基础条件差异很大，它们之间的收入差距，特别是绝对差距，在短时间内是难以缩小的。不能过早地要求缩小地区间收入的绝对差距，但可以逐步缩小地区间收入的相对差距。中央政府可对少数基础条件较差的贫穷地区实行扶持政策，以避免出现社会问题。

第三，在实施地区经济发展战略和国家产业政策的过程中，要充分发挥市场机制的作用。在目前我国市场经济尚不发达、市场运行规则尚不健全的情况下，一方面要坚定不移地推进经济体制改革的步伐，促进市场经济的发育；另一方面也要注意防止市场调节的缺陷，加强宏观调控，不断提高宏观调控的水平。

附表1　沿海与内地工业总产值比重　　　　　%

年份	沿海	内地		
	东部	总计	中部	西部
1952	68.2	31.8	（22.4）	（9.4）
1978	59.8	40.2	（27.0）	（13.2）
1990	62.7	37.3	（25.4）	（11.9）

附表2　沿海与内地投资比重　　　　　　　　　%

时期	沿海	内地			不分地区
	东部	总计	中部	西部	
A. 全民所有制 基本建设投资					
（1953—1978）	35.7	55.2	（31.0）	（24.2）	9.1
（1979—1990）	49.9	43.2	（26.5）	（16.7）	6.9
"一五"时期 （1953—1957）	36.9	46.8	（28.8）	（18.0）	16.3
"二五"时期 （1958—1972）	38.4	56.0	（34.0）	（22.0）	5.6
三线建设时期 （1964—1972）	28.7	62.8	（30.3）	（32.5）	8.5
B. 全社会固定 资产投资 （1982—1990）	54.6	41.0	（26.6）	（14.4）	4.4

附表3　各地区国民收入年平均增长速度及其位次

位次	1953—1978年		1979—1990年	
	地区	增长速度（%）	地区	增长速度（%）
1	北京	12.5	浙江	11.9
2	上海	8.7	广东	11.5
3	青海	7.7	福建	11.0
4	天津	7.4	江苏	10.5
5	辽宁	7.3	山东	10.0
6	陕西	7.0	新疆	9.9
7	黑龙江	6.3	云南	9.3
8	宁夏	6.2	安徽	9.0
9	云南	6.0	湖北	8.7
10	山西	5.9	贵州	8.3
11	甘肃	5.8	宁夏	8.3
12	新疆	5.8	北京	8.2
13	内蒙古	5.7	山西	8.1
14	浙江	5.7	内蒙古	8.1
15	山东	5.7	吉林	8.1
16	江苏	5.6	江西	8.0
17	吉林	5.5	四川	7.9

中国地区经济发展战略的评估与展望

位次	1953—1978年		1979—1990年	
	地区	增长速度（%）	地区	增长速度（%）
18	湖南	5.5	河北	7.7
19	福建	5.4	甘肃	7.5
20	河南	5.4	陕西	7.3
21	河北	5.3	上海	7.2
22	广东	5.3	广西	7.2
23	四川	5.2	天津	6.9
24	湖北	5.0	辽宁	6.9
25	广西	5.0	湖南	6.9
26	贵州	4.6	青海	6.7
27	江西	3.8	河南	6.8
28	安徽	3.6	黑龙江	6.2
	全国	6.0	全国	8.4

附表4　重工业的产值比重

地区	1952年	1978年		1990年	
	比重（%）	比重（%）	与1952年相比 上升为+ 下降为−	比重（%）	与1978年相比 上升为+ 下降为−
全国总计	35.5	56.9	+	50.6	−
北京	38.1	63.6	+	56.0	−
天津	16 9	48.4	+	49.0	+
河北	26.9	55.5	+	51.5	−
山西	57.6	66.1	+	74.5	+
内蒙古	35.0	59.2	+	58.2	
辽宁	69.7	73.7	+	67.4	−
吉林	43.8	60.3	+	58.1	−
黑龙江	60.1	71.0	+	66.4	−
上海	20.9	48.2	+	48.1	−
江苏	6.1	47.6	+	45.3	−
浙江	10.7	39.8	+	34.80	−
安徽	17.4	49.2	+	48.1	−
福建	11.0	41.1	+	38.0	−
江西	33.4	55.3	+	55.4	+
山东	11.2	51.4	+	49.2	−
河南	18.3	54.0	+	54.4	+

地区	1952年 比重（%）	1978年 比重（%）	1978年 与1952年相比 上升为+ 下降为-	1990年 比重（%）	1990年 与1978年相比 上升为+ 下降为-
湖北	22.0	52.9	+	52.7	-
湖南	28.8	60.9		55.6	-
广东	-	35.2	+	32.5	-
广西	20.0	45.4		44.7	-
海南	-	40.5	+	31.9	-
四川	42.8	58.7	+	53.7	-
贵州	33.3	67.4	+	57.6	-
云南	39.6	57.0	+	47.5	-
西藏	-	62.0		70.0	+
陕西	23.8	55.4	+	57.5	+
甘肃	35.1	81.7	+	71.2	-
青海	15.4	65.9	+	71.1	+
宁夏	10.0	75.1	+	72.3	-
新疆	24.1	58.4	+	50.7	-

附表5　工业总产值中各种经济类型企业的比重　　　　%

地区	1978年 国有	1978年 集体	1990年 国有	1990年 集体	1990年 个体	1990年 其他
全国总计	77.6	22.4	54.6	35.6	5.4	4.4
北京	82.7	17.3	63.2	28.9	0.8	7.1
天津	80.7	19.3	59.5	34.6	0.6	5.3
河北	71.8	28.2	49.4	39.5	10.2	0.9
山西	74.4	25.6	59.7	32.8	5.8	1.7
内蒙古	77.2	22.8	77.3	18.4	3.6	0.7
辽宁	82.5	17.5	61.2	28.2	6.9	3.7
吉林	78.9	21.1	70.4	22.5	6.8	0.3
黑龙江	83.1	16.9	80.5	16.5	2.7	0.3
上海	91.7	8.3	68.2	19.9	0.1	11.8
江苏	61.5	38.5	34.3	58.0	3.9	3.8
浙江	61.3	38.7	31.2	60.1	6.6	2.1
安徽	79.9	20.1	58.2	32.0	9.3	0.5
福建	74.2	25.8	45.1	31.4	6.1	17.4

地区	1978年		1990年			
	国有	集体	国有	集体	个体	其他
江西	78.2	21.8	65.3	27.2	6.7	0.6
山东	67.6	32.4	41.4	50.7	7.2	0.7
河南	74.0	26.0	55.2	34.6	9.8	0.4
湖北	77.3	22.7	62.3	32.6	4.4	0.7
湖南	75.0	25.0	64.0	28.7	6.8	0.5
广东	67.8	32.2	40.2	34.7	4.8	20.3
广西	78.8	21.2	72.2	20.5	5.7	1.6
海南	82 5	17.5	75.7	8.1	4.7	11.5
四川	81.4	18.6	63.7	28.3	7.1	0.9
贵州	81.0	19.0	77.3	14.0	6.8	1.9
云南	80.5	19.5	76.7	20.0	2.7	0.6
西藏	76.5	23.5	82.7	14.7	2.6	0.0
陕西	84.2	15.8	68.7	23.2	7.2	0.9
甘肃	90.9	9.1	78.1	18.0	3.8	0.1
青海	83.5	16.5	84.1	13.4	2.4	0.1
宁夏	82.8	17.2	78.6	17.0	3.8	0.6
新疆	89.1	10.9	80.3	16.7	1.5	1.5

谈市场经济体制下的所有制结构*

（1993年5月19日）

对社会主义市场经济新体制下的所有制结构如何设计？目前我们仍沿用"公有制为主体、国有制为主导、多种所有制经济长期并存，共同发展"的提法。其中，公有制的主体地位和国有制的主导地位，是在建立市场经济新体制中坚持社会主义方向所必需的。但是，社会主义不仅仅是一个方向性的理念，而是具体体现为体制内涵。对公有制、国有制的理解就要更紧密地同市场经济体制联系起来，用市场经济的要求进一步明确规范所有制结构的内容。

公有制与市场经济究竟能否兼容？对此持否定或怀疑态度的学者，国内国外均大有人在。当然，他们并不否认西方市场经济国家也存在着某些国有经济，但认为那要以私有和民营经济为主体的竞争环境为背景，没有这样的背景，国有企业就不能有效地营运。然而理论和实践都证明，公有经济能否有效率地运转，关键在于政企能否真正分开，企业能否真正自主经营。所以，传统计划经济体制下政企不分的国营企业以及改革转轨过程中尚未完成政企分开的国营企业，确实同市场经济的要求格格不入，两者确实难以兼容。正因为如此，才需要对国营企业实行彻底的改造。只要真正实现了政企分开，自主经营，公有制同市场经济兼容的问题是能够解决的。

* 原载《羊城晚报》。

社会主义市场经济体制下，公有经济的主体地位或国有经济的主导地位，决不可以只从数量优势上去理解，而应首先把它作为质量概念来理解。公有、国有经济在整个经济中的优势地位和导向作用，主要不应靠它们在整个经济中占有的比重（比如说50%以上），而应靠它们自身的经营活力和竞争能力，靠它们在多种成分混合的经济实体中的控股实力，以及它们在国民经济少数战略制高部门中的控制地位。众所周知，现代企业中取得控股地位所需股权，可以远远低于半数。从宏观范围看，目前我国国有经济在整个国民经济中所占份额也已降到半数以下。随着改革的进展，这一份额还将进一步下降。但只要国有企业能够脱胎换骨，发挥其活力，只要国有经济在战略制高行业保持其控股、控制地位，我们就不必为其数量比重的下降担忧。至于非国有的其他公有经济（包括集体企业、合作企业、股份合作等），它们大多在一般行业中同非公有经济成分进行竞争或与它们混合经营，其命运消长和比例份额，完全取决于经营效益和竞争实力，最终应由"三有利"的原则来确定，我们更不必为保持其主体地位来规定其数量低限。

保持和发挥国有经济在社会主义市场经济中的主导地位，是我们全力以赴的愿望目标。目前实际情况是：以政企分开为方向的国有经济改革步履维艰，行动蹒跚，多数企业效益上不去，2/3企业明亏暗亏，靠"吃国家"维持其存在。所以，现在不只是保持国有经济的主导地位问题，更迫切的是为它们找到生存发展出路的问题。少数人对国有经济的改造失去信心，主张走"非国有化"的道路（非国有化不等于完全私有化，因为非国有成分中还包括相当大一部分非私有化成分，如集体、合作、股份等），大力发展非国有经济，对现有的国有经济则保持现状，使其在整个经济中的比重逐渐降到失去意义。我不赞成这种主张。一是因为社会主义市场经济客观上在某些方面仍需要国有经济的存在和发展，以弥补市场机制自身的缺陷。二是因为经过认真的政企分开的改革改造而焕发经营活力的国有企业不乏实例。但也应当指出，整个国有经济的改造，如果没有非国有成分的竞争压力和它们在经营效益上的示范效应，也是难以完成的。所以，积极发展包括集体、合作、私营、个体、外资等成分在内的非国有经济，如果不是把整个国民经济引向非国有化的前途，而是为国有经济机制转换提供一个有竞争压力和示范效应的外部环境，并推进社会主义社会整体生产力的发展，我以为那是十分必要的。

国有经济改革的核心问题是理顺产权关系、转换经营机制，使企业真正成为脱离政府行政羁绊，能够自主经营、自负盈亏的经济实体。实现这一目标，大中型企业可以采取组建有限责任公司、股份有限公司等法人公司形式，中小型企业可以采取承包、租赁和出售等方式。不论采取何种方式，其实质都是要使政企不分、政资不分、国有国营的企业机制转换为政企分开、政资分开、国有民营的企业机制，实现国有企业的民营化。过去有些人士反对"民营化"的提法，认为"民营化"就是"私有化"，或者把"国有民营"局限在承包租赁形式上。其实，"民营"是同"官营"相对应的概念，"民间经营"不过是"非政府经营"的别称。"民营"不等于"私营"，"国有民营"也不局限于承包租赁。凡按政企分开、政资分开的原则实现了国有资产由政府经营向非政府经营的转化，包括前述由国家持股（从参股到控股，直至100%股权）的各种类型的法人公司，都可以纳入国有民营的范畴。至于国有企业出售给私人经营，也不应简单地视同为"私有化"，因为这里实行的是有偿转让，国有资产并不因出售而流失，不过变化了它的存在形态。出售某种资产所得资金，仍可通过投资转化为另一种资产。在国有资产采取公司股权形式的场合，资产形态的变化则可以通过股票买卖等方式来实现。

由于各种所有制形式的互相渗透、互相持股、互相联合，以及产权市场交易的兴起，社会主义市场经济中将出现越来越多的混合所有的经济实体。多种所有制混合交错的格局，不仅在宏观范围上的所有制结构是这样，而且在微观经济实体内部的所有制结构也是这样。因此，社会主义市场经济的所有制结构，不妨称为"以公有制为主体，包括各种非公有成分的混合经济"结构。"混合经济"或"混合所有制"较之"多种所有制并存"的提法，更能反映所有制结构改革的实际过程和成果，更有利于产权重组的推进，达到优化资源配置的目的。

谈谈中国的经济发展大势*

（1993年5月）

一

近几年中国经济的发展有十分丰富多彩的内容，这里讲讲我认为比较突出的几点。

1. 从1988年到现在，中国经济的发展走了一个弧形。1988年是前一个经济周期的高峰年，GNP增长率达到11.3%。那年发生了经济过热，第四季度起开始进行治理整顿。从1989年到1991年，中国经济的增长率经过了下降，到低谷，又到回升（其中1989年为4.4%，1990年为4.1%，1991年为7.7%）。从1992年起，中国经济重新进入高速增长态势。1992年，GNP增长率达到12.8%，工业增长率达到20.8%。今年（1993年）第一季度GNP比去年同期增长14.1%，工业增长达到22.4%。据中国社会科学院经济形势分析预测课题组测算，1993年全年可能大体保持与1992年相近的增长率。

2. 从拉动中国经济增长的需求动力来看，20世纪80年代的高速增长是靠投资需求与消费需求双拉动的。1988年的经济过热，是投资需求与消费需求双膨胀的结果。而当前这一轮的高速增长，其需求拉力主要来自投资膨胀，而消费需求则处于比较平稳

---

* 本文系1993年3月14日在东京三菱商事总部、3月17日在东京日中经济协会、5月19日在香港友好协会几次讲演纪要的综合稿。

增长的状态。

从投资方面看，全社会固定资产投资增长率，前一个经济周期高峰年（1988年）为23.5%，此后经过下降，接着回升（1989年下降为-8%，1990年开始回升为7.5%，1991年增长为23.8%），1992年增长达37.6%。今年（1993年）一季度继续猛升，与去年同期相比，国有单位投资增长70.7%，地方项目和自筹资金的投资增长幅度更高（前者为80.9%，后者为92.4%）。

在消费需求方面，20世纪80年代城市居民以新三大件（彩电、电冰箱和洗衣机）为代表的消费热门，渐趋饱和。进入90年代，由于城市居民新的消费热点（如汽车、住房）尚未形成，而农村居民近几年的收入和购买力增长滞后，整个居民消费呈现稳定增长态势。全社会社会商品零售额1992年增长15.7%，大大低于前一周期高峰年（1988年）的27.8%，如扣除物价指数，去年商品零售额的实际增长只有10%；今年第一季度商品零售额比去年同期增长16.2%，扣除物价指数，实际增长不到8%，大大低于实质经济增长率。

3. 由于经济增长的主要拉动力来自投资需求而不是消费需求，我国工业结构重新出现了"重型化"的迹象。中国在改革前实施优先发展重工业的政策，重工业增长速度长期持续高于轻工业。1952年到1978年期间，重工业年增长率为13.9%，轻工业为9.3%。改革后，扭转了这一趋势。1979年到1990年期间，轻工业年均增长速度为13.9%，持续高于重工业10.3%的年均增长速度。这次经济回升后，从1991年9月起，再次出现了重工业增长速度超过轻工业的现象。1992年重工业增长23%，轻工业增长20.1%；今年一季度重工业增长26.3%，轻工业增长18.3%。90年代基础设施建设和基础产业的大发展，以及城乡居民消费结构变化（食品比重降低，非农产品为资料的消费品比重上升），带来产业结构升级的需要，可能使重型化的发展趋向得到进一步的加强。

4. 在市场形势方面，当前经济增长主要来自投资需求而非消费需求的拉动，还带来生产资料市场与消费品市场态势的宽紧不同。投资需求的猛增使生产资料供应紧张，特别是投资用的物资设备货俏价涨，交通运输更加紧张，但消费品市场则相对平稳，供大于求的格局基本未变。1992年全年生产资料价格比上年上涨16%，消费品零售价格只上升5.4%。今年一季度因通胀潜在因素开始释放，消费品物价比上年同期上涨了8.6%，城市生活费指数更高。今年年初一部分地区一度出现小范围的抢购风，但主要集中在黄金饰品、外汇、高档进口商品等，涉及范围不大。而生产资料价格却由于投资猛增，今年一季度比上年同期上升了38.2%，一些主要物资库存下降，靠进口来解决的新增资源的比重也在增加。

5. 在所有制结构方面，改革开放以来由于实行了以公有制为主体、多种经济成分共同发展的政策，国有成分的比重下降。它在工业产值中的比重，由1980年占75.9%，降为1991年占52.9%。包括集体、个体私营和外资等在内的非国有经济的比重由24.1%上升为47.17%。这一趋势仍在继续，1992年全国工业增加值增长20.8%，其中，国有工业只增长14.4%，集体工业增长28.5%，三资企业增长48.8%。今年一季度与去年（1992年）同期相比，工业总产值增长22.4%，其中，国有企业只增长8.7%，集体企业增长42.4%。三资等其他经济类型企业增长63.4%。非国有经济增长快于国有经济这一趋势，看来将要继续进行下去。这一趋势有利于我国经济的市场化发展，也有利于促进国有经济本身的市场化改革。

6. 市场调节的范围迅速扩大。这突出地表现在价格方面。近几年来价格改革迈出了较大的步伐：一是粮食实现购销同价，许多地方粮食价格已经放开。二是其他农副产品和工业消费品价格大部分已放开。三是生产资料价格大部分放开，价格"双轨制"

的范围显著缩小。总的来看，在全部产品中，目前由市场决定价格的比重已达到80%左右；在社会商品零售额中，由市场决定价格的比重达到90%左右。在商品市场不断扩大的同时，包括金融市场、劳务市场、技术市场、信息市场、房地产市场在内的生产要素市场已开始逐步形成和发展起来。

7. 国民收入分配格局向地方、企业和个人倾斜，而国家特别是中央的比重下降，居民的金融资产迅速增加，经济建设的资金来源从政府积累型为主向社会积累型为主转换。

例如，1978年到1991年，居民金融资产增加了34倍，它相当于当年GNP的比重，从10%提高到65%。其中居民储蓄存款，1980年只有400亿元，1992年增加到1.15万亿元。它占国家银行各项资金存款总额的比重，从30%上升到55%。目前中国经济发展中的货币化和金融深化的过程仍在继续发展，去年（1992年）国家银行贷款比1991年增长20%，现金净投放增长36%，都大大超过GNP的实质增长率（12.8%）。这一趋势越来越突出金融部门在宏观调控中的地位，而我国各项改革中，金融改革是引人瞩目的滞后环节之一。金融改革包括：把中国人民银行办成真正的中央银行，把专业银行办成真正的商业银行，把政策性融资与商业性融资分开，等等，这些方面的改革酝酿了不少时间，但举步维艰，需要抓紧解决。

二

以上对中国近几年来的国内经济发展讲了几个要点。1992年以来，中国经济进入了新一轮的高速增长。如何评价中国经济当前的高速增长，近一年多来一直存在不同的认识。大致有下面几种看法：

第一种看法是：1992年中国GNP增长率为12.8%，已经超过前一个周期高峰年（1988年）11%的增长速度，中国经济已经处于过热状态，主张采取紧缩措施，抑制需求，压低速度。

第二种看法是：反对"经济过热"这一提法，认为这种提法是对正在兴起的快速发展泼冷水，特别是一些地方人士认为他们那里的经济不但不是过热，而且还处于开发不足的过冷状态；不仅内地人士这样看，沿海也有人这样估计。这种观点反对实行紧缩，主张继续采取扩张性的政策措施，防止经济下滑，促进经济继续上升。

第三种看法是：1992年的高速增长，运行是基本正常，既不过热，也不过冷，并且是高质量的增长。高速增长中出现的矛盾，是中国经济转向以重化工业为主的发展阶段不可避免的，不必大惊小怪，这种观点也不赞成对刚刚起来的高速增长势头加以限制。

以上几种观点各有自己的论据。随着经济形势的发展，持不同观点的人士也在不断调整自己的看法。中国经济界和经济学界相当一部分人士，包括中国社会科学院一些学者的看法是，对于1992年的高速增长，既要看到总的运行是基本正常的，同时也要看到高速增长中出现了一些过热的苗头和亟待解决的问题，宏观调控不可松懈。特别是进入今年（1993年），潜在的通货膨胀压力开始释放，必须采取有力的调控措施，防止恶性通胀的发生，保证经济正常持续的快速运转。

之所以说目前的高速增长有其基本正常的一面，原因是：第一，1992年、1993年处于经济周期的上升阶段，这与1988年的经济过热是已经在连续几年升温后达到顶峰的情况不同。第二，1992年投资增长幅度大，实际是前几年经济调整时期投资不足的补偿。1992年比1988年投资扣除物价指数实际只增长17.2%，低于同期GNP增长幅度（30%）。第三，与1988年的过热是由投资和消费双膨胀拉动不同，这次主要是投资需求拉动，而消费需求的增长比较平稳，这是一个缓冲因素。再加上农产品、轻纺等消费品供应形势也比1988年强得多，供大于求的局面尚基本未变，能源、原材料等供应虽然偏紧，但加上进口，大体仍能支撑目前较高的增长速度。

那么，1992年以来中国经济高速增长中出现的问题有哪些呢？第一，固定资产投资新开工项目过多，在建规模过大，投资结构不尽合理，有些地方在发行股票、办开发区和发展房地产业中出现了过热现象。第二，结构性矛盾更加突出，基础设施、基础产业的支撑能力不足，特别是铁路运输只能满足运量需求的不到60%，成为最大的"瓶颈"。第三，银行贷款和现金过量投放，1992年比上年分别增长19.4%和36.4%，货币供应量M2超过GNP增长十多个百分点，通胀压力加大，虽然1992年零售物价指数只上涨5.4%，但35个大中城市职工生活费指数上涨10.9%。1993年年初以来，货币投放继续增加较多，推动物价进一步上扬，一季度零售物价水平比上年同期上涨8.6%，而35个大中城市居民生活费价格上涨15%。这几年累积起来的潜在的通货膨胀压力开始释放并显现出来，并开始触动居民的通胀预期和保值行为，1993年3月银行储蓄额比2月份一度下降，就是一个明显的信号。抢购黄金、外汇及高档进口商品的浪潮迭起。但当前物质基础和居民心理承受力比1988年大为增强，如没有突发性情况发生的话，短期内还不会出现类似1988年那样的大抢购、大提现的社会动荡。尽管如此，当前宏观经济环境已经绷得相当紧，通货膨胀已进入中度水平，这种情况严重影响了经济的正常运行和正常秩序，而且有些矛盾和问题还在继续发展，如不抓住时机，进一步深化改革，抓好实施宏观调控措施，势必导致社会供需总量严重失衡，通货膨胀进一步加剧，甚至会引起经济大的波动，影响社会安定。

在目前经济高速增长既有正常因素又有过热因素迅速积累

的情况下，应该采取什么样的宏观政策？1992年下半年以来，我们一直主张一方面不宜采取像1988年那样的急刹车的严厉紧缩措施，以致经济增长失去势头；另一方面要采取微调降温软着陆的办法，控制投资规模，调节投资方向，把住信贷货币投放两个总闸门，以减缓通货膨胀的渐增压力。

目前中国正处在从计划经济向市场经济过渡的时期，宏观调控手段只能是行政手段与经济手段并用。问题是直到最近5月15日以前，有两年多时间在宏观调控上只用了对投资规模、信贷规模进行额度控制等行政手段，而没有动用利率等经济手段。在地方基层具有更大决策自主权的情况下，目前中央政府掌握的直接行政调控手段的有效性大大降低，阻止不了下面过热经济的蔓延。政府之所以迟迟未动用利率手段（现行银行利率是1991年4月21日实施的），主要是担心这会增加低利或亏损的国有企业的利息负担。这种做法事实上是用低利率来支持低效率，同时，通过负利率把这一负担转嫁到居民身上。这种政策如果继续下去，后果是非常令人担忧的。现在中国政府为了纠正这一扭曲情况，终于决定重新动用利率手段，于前几天（5月15日）宣布提高银行的存贷利率，定期存款年利率平均上调2.18个百分点，贷款利率平均提高0.82个百分点。上调存款利率对稳定居民通货膨胀心理预期、遏制银行存款下滑趋势将起一定作用，上调贷款利率相对于存款利率幅度较小，不会给国有企业造成很大的负担，更不会导致全面紧缩。但要达到消除负利率的阴影，减少低效率使用资金，遏制灰市黑市高利率争夺资金，对于这样一些目标来说，目前银行存贷利率提高的幅度尚嫌不够，看来还需要上调。当然，在目前中国市场机制尚不完善，国有企业没有真正面对市场的情况下，利率对于抑制通货膨胀的作用也是有限的。出路还是要加快改革，特别是加强以国有大中型企业机制转换为中心的微观经济改革，和以金融财税体制改革为中心的宏观经济改革，逐步减少数量控制和额度管理等直接行政的调控手段的运用，增加利率、汇率、税率等间接经济手段的运用，以尽快地使我国的宏观经济管理从计划经济的轨道转向市场经济的轨道，把我国经济的高速增长置于持续稳定协调发展的基础上来。

三

最后谈谈中国经济发展的远景。诸位知道，中国从20世纪80年代起到21世纪中叶的现代化建设，是按照邓小平提出的三步走的战略方针部署的。第一步在80年代实现GNP翻两番，解决人民生活的温饱问题，这一步已提前完成。第二步原预计90年代的平均6%的经济增长率，到20世纪末使GNP比1980年翻两番，人民生活达到小康水平。不久前，中共十四大和八届人大一次会议又根据邓小平抓紧机遇加快发展的思想，调整了"八五"计划指标，将GNP的增长速度的年率从6%调到8%~9%。从国内条件和国际形势看，90年代是能够实现这样的速度的，这样今后5年内就能够提前达到原定2000年达到的第二步目标。第三步是21世纪中叶，使人均GNP达到中等发达国家的水平，人民生活较为富裕，基本实现现代化。

在前不久结束的八届人大一次会议上，在修订"八五"计划指标的同时，中国政府提出将着手研究制定"九五"（1996—2000年）计划和到2010年的远景发展目标。

对中国经济今后20年发展远景，国内外有许多预测。如世界银行专家认为，中国国内生产总值将从现在约为美国的1/10，10年后可能达到美国国内生产总值的2/3。另一些有影响的报纸杂志连续发表评述，认为中国经济实力在未来的20年将超过美国，成为世界头号经济大国。这些预测和评述既表明人们看到中国经济增长的巨大潜力而表示关注，但也包含着某些人士对所谓"中国威胁"的不必要的担心。

最近，中国社会科学院经济形势分析与预测课题组对1990—2020年的30年经济发展前景作了初步预测，预测时间跨度比上述预测长一些。预测表明30年内中国经济增长将保持强劲的势头，速度分布是先高后低，8%以上的速度将逐步降为不到7%，然后进入稳步发展阶段，此间GDP平均增长速度保持在7.5%以上。这样部门经济每7年可以翻一番，30年就是增长8倍。而20世纪80年代发达国家经济增长平均只有2%~3%，30年才能翻一番。国际对比时，用了1980年的汇率（1美元兑换1.5元人民币，这一汇率比较接近实际购买力平均的比率），计算结果到2020年（而不是2010年）中国GDP总量将接近美国同期的水平。对于这一预测，我也想讲几点看法。

谈谈中国的经济发展大势

1. 实现这一前景，虽有可能，但不容易，有几个前提条件。一是国内政治社会稳定，国际环境也比较稳定良好。二是继续实行改革开放，逐步完善社会主义市场经济体制，社会资源主要由市场机制进行配置。三是技术进步继续保持20世纪80年代的平均水平。这些都需要付出艰苦的努力。

2. 未来中国经济实力的增强，决不会像某些人士所称将对亚洲和世界构成威胁，而是有利于亚洲和整个世界经济的繁荣发展。中国的经济发展了，可以更好地加强与各国的经济交往与合作，促进世界经济水平的共同提高。相反，一个经济贫穷落后、社会不稳定的中国，才会对亚洲和世界构成一个不安定的因素和负担。

3. 到2020年左右，即使中国GDP总值接近美国同期水平，但从人均来说还远远赶不上美国。到那时中国人口若以15亿计，美国人口若以3亿计，两国人口之比为5∶1。即使两国GDP总量相等，人均则中国只有美国的1/5。到那时，中国仍是一个发展中国家，我们估计，到21世纪中叶，中国才能达到中等发达国家水平。

4. 中国幅员辽阔，各地区差异很大，在整体经济发展的同时，还会有不少地区相对落后，不仅广大的落后地区有待进一步开发，先进地区也是地广人众，经济水平也要不断升级。总之，中国经济发展的着重点将长期放在广阔的国内市场，这个市场的未来发展的潜力，其广度和深度，世界上没有一个地方可以相比。这个市场，也是国际经济界发挥其作用的广阔天地。